AF444646

RECOPILADOS POR RÓMULO E. DURÓN

POLICARPO BONILLA, FUNDADOR DEL PARTIDO LIBERAL DE HONDURAS

(Escritos Tomo I: 1881-1891)

ERANDIQUE

COLECCIÓN

POLICARPO BONILLA, FUNDADOR DEL PARTIDO LIBERAL DE HONDURAS
(Escritos Tomo I: 1881-1891)
RECOPILADOS POR RÓMULO E. DURÓN

©Colección Erandique
Supervisión Editorial: Óscar Flores López
Diseño de portada: Andrea Rodríguez
Administración: Tesla Rodas/Jessica Cordero
Director Ejecutivo: José Azcona Bocock

Primera Edición
Tegucigalpa, Honduras—Febrero de 2026

DON POLICARPO: ÁNGEL Y DEMONIO

Presidente de Honduras (la primera, de facto, en 1894; la segunda, Constitucional de 1894 a 1899), fundador del Partido Liberal (1891), candidato en 1923 (perdió), uno de los principales provocadores de la guerra civil de 1924, la peor en la historia del país; editor de periódicos y escritor, Policarpo Bonilla es, sin duda, uno de los grandes personajes políticos del país.

A pesar de que en esas votaciones fue rechazado en las urnas, Policarpo Bonilla asumió una postura intransigente que enredó la elección que el Congreso Nacional debía realizar para elegir al sustituto de Rafael López Gutiérrez (Tiburcio Carías Andino fue el candidato más votado, pero no obtuvo el porcentaje que establecía en aquel momento la Constitución).

Bonilla, en lugar de aceptar los resultados, se dedicó a conspirar y a maniobrar para impedir que Carías Andino ganara la votación legislativa.

La escritura y los discursos fueron dos de sus grandes pasiones, como queda demostrado en los tres tomos que Rómulo E. Durón recopiló a finales del siglo XIX.

Aquí queda plasmada, además, la visión de quien fue primero estadista y terminó convirtiéndose, para daño de Honduras, en un caudillo enamorado de su propia leyenda. Eso, sin embargo, no le quita valor a los escritos, directos y bien redactados, que aparecieron en las ediciones del diario "El Bien Público".

Y no puede darse el escándalo de que el Gobernante se halle en miseria al recibir el poder y lo deje siendo millonario, y deje también enriquecidos a subalternos convertidos en cómplices; por más que uno y otros, para lograrlo, hayan tenido que robar a más de un infeliz el pan que con sus hijos debiera llevarse a la boca —señala en el artículo *Elección presidencial*.

En ese mismo artículo expone su visión sobre la educación: "Y el gobernante, aunque no tenga gran ilustración, empeña sus esfuerzos en el desarrollo de la educación del pueblo, única base sólida del adelanto de un país, y ejerce sobre ella constante y eficaz vigilancia, a fin de que los establecimientos de enseñanza dejen de serlo solo de nombre".

Don Policarpo Bonilla —escribió el insigne periodista Paulino Valladares—[1] , abarca más de dos décadas de lucha. Fue batallador, pugilista político tenaz y sin miedo. Escritor abundante, pero enrevesado, sin noción del ritmo y de las gracias del estilo, todo lo sacrifica al propósito de decir las cosas tal como él las comprende, sin fijarse en que la prosa más inteligible es la más diáfana. Ha provocado odios implacables, pero también fue el caudillo adorado que fanatizó a sus partidarios en las luchas eleccionarias y en los encuentros campales. Hombre de acción, ha tenido sus errores y tiene sus defectos, pero también posee cualidades distinguidas. Es muy fácil combatirlo y muy sencillo defenderlo y exaltarlo. Lo difícil es acertar un juicio acerca de su verdadera significación. Y para eso no ha llegado todavía el tiempo, porque sólo el rigor y la imparcialidad de la historia podrán fallar definitivamente.

"No es esta la hora de irse a fondo en el estudio del gobierno presidido por don Policarpo Bonilla. Es él un hombre de actualidad en las agitaciones del país y su actuación no ha terminado. En las disensiones lamentables de los partidos surge y prospera admirablemente el exclusivismo, y roto el ligamento de la tolerancia, las agrupaciones se desquician para siempre. Juntarlas y compenetrarlas es tarea fatigante y de resultados negativos", concluye.

SU GOBIERNO

El Tomo 8 de la Enciclopedia Histórica de Honduras señala que "El gobierno del doctor Policarpo Bonilla fue un gobierno de partido y en él dio participación a quienes le ayudaron en la lucha armada contra los gobiernos de Leiva, Agüero y Vásquez. Se preocupó por

---

[1] (El Cronista, N.º 845, agosto de 1915).

socorrer a las viudas y huérfanos dejados por la guerra; por conceder grados militares a quienes lo habían acompañado en sus campañas y por efectuar reconocimientos de pérdidas, a veces muy generosas para sus amigos y lugartenientes".

La escasez de las rentas públicas no permitió la realización de una amplia labor. El doctor Bonilla encontró las arcas nacionales exhaustas debido a la larga guerra y una deuda contraída anteriormente con el gobierno de Guatemala —expone ese mismo Tomo 8.

Finalmente, el Tomo 8 detalla: "Su obra gubernativa se redujo a la reforma de los Códigos Civil, Penal, de Comercio, de Minería y de Procedimientos para armonizarlos con la nueva Constitución Política. Hizo imprimir gratuitamente en la Tipografía Nacional revistas y libros muy importantes con los cuales estimuló el desarrollo científico-literario del país. Entre sus obras están los puentes sobre el río Guacerique en Comayagüela y entre Yuscarán y Danlí, la ampliación del Hospital General de Tegucigalpa y de la red telegráfica y la construcción del muro exterior de la Penitenciaría. También introdujo el servicio telefónico".

Ángel Zúñiga Huete, el carismático dirigente del Partido Liberal, afirmó que Policarpo Bonilla pasó por la historia como un republicano ejemplar, patriota, humanitario y honesto.

"Sin las fallas de cierto dogmatismo de dómine o de pontífice que le constituyó en el blanco de inconsiderados ataques, estaría a salvo de las mordacidades de la crítica histórica", señaló Zúñiga Huete. Hombre jerárquico que había dominado voluntades, dirigido multitudes, y que, como nadie antes en Honduras, disfrutó de una popularidad majestuosa, Bonilla tuvo ese prestigio interior que se exteriorizaba en actitudes y en palabras que le daba una elegancia de decoro republicano. Así deben de haber sido Dionisio de Herrera, Trinidad Cabañas y Céleo Arias, los próceres liberales que le antecedieron en la pasión unionista que pocos ilusos tienen".

Palabras de Rafael Heliodoro Valle.

Policarpo Bonilla encendió pasiones, atrajo multitudes, polemizó y se hizo de enemigos, gobernó con cierta razón tomando en cuenta los problemas políticos de su época y después, atacado por la nostalgia que tarde o temprano les llega a los expresidentes y caudillos, pretendió regresar al poder, sin conseguirlo.

Huyendo de las consecuencias de aquella guerra civil de 1924, se marchó al exilio, a Nueva Orleans, donde falleció dos años más tarde, en 1926, a la edad de setenta años.

Este libro (el primero de tres tomos), a casi cien años de su fallecimiento, nos permite descubrir una pequeña parte de ese polémico personaje.

ÓSCAR FLORES LÓPEZ
Editor Colección Erandique

ADVERTENCIA PRELIMINAR

Los artículos del presente volumen, que figuran desde la página 145 hasta la última, forman la primera época de "El Bien Público", periódico cuya publicación se suspendió en mayo de 1891 con motivo del estado de sitio que decretó el Presidente, General don Luis Bográn, aprovechando el asalto de Amapala, que ocurrió por entonces.

La impresión de este libro comenzó en julio de 1898. Las notas en que se da por realizada la Unión de Honduras, Nicaragua y El Salvador fueron escritas antes de los sucesos del 13 de noviembre del mismo año, y cuando todo auguraba que el éxito coronaría el esfuerzo de los unionistas.

RÓMULO E. DURÓN

RASGOS BIOGRÁFICOS

Nació Policarpo Bonilla en Tegucigalpa, el 17 de marzo de 1858. Fueron sus padres el Lic. don Inocente Bonilla, honor del foro hondureño, y doña Juana Vásquez de Bonilla, distinguida matrona, de cuyas preclaras virtudes se conservará indeleble el recuerdo en nuestra sociedad.

La niñez del señor Bonilla se deslizó en medio de las privaciones y penalidades de la pobreza. Había perdido a su padre a los siete años, y le habían quedado únicamente los tiernos afectos de su buena madre, quien, a pesar de delicada salud, atendió a su educación con las dificultades que naturalmente se presentan a quien solo cuenta con los escasos recursos de su trabajo personal para la subsistencia.

Hecho el aprendizaje de las primeras letras, el señor Bonilla ingresó a la Universidad, en donde recibió las enseñanzas del notable humanista don Julio Contreras y de otros profesores que supieron poner muy alto su nombre en aquel instituto, por sus profundos conocimientos y por su acierto en las tareas del profesorado.

A la edad de catorce años obtuvo el grado de Bachiller en Filosofía; a la de dieciséis, por suficiencia, los de Bachiller en Derecho Civil y Canónico; y apenas había cumplido veinte años, cuando, después de brillante examen sostenido ante la Corte de Justicia, alcanzó el título de Abogado.

Comenzó desde luego a ejercer su difícil profesión, y se distinguió en ella de tal manera que pronto contó con una clientela numerosísima. Por esa misma época estuvo desempeñando con aplauso el cargo de Contador del Tribunal Superior de Cuentas, y dirigía a la vez el Juzgado de Letras Militar de este departamento.

Posteriormente hizo un viaje a los Estados Unidos de Norteamérica, y se dedicó al comercio, fundando la sociedad "Fortín y Bonilla", que giró durante ocho años en esta capital, y cuyos negocios dirigió con acierto y con éxito.

No obstante las tareas comerciales, continuó dedicado también a las de la Abogacía. En estas últimas fue donde el señor Bonilla dio a conocer su carácter y tendencias. Cuando comenzó sus labores profesionales, había la costumbre de acatar como leyes toda clase de disposiciones emitidas por el Poder Ejecutivo. Él inauguró, luchando rudamente, la práctica contraria, sosteniendo en diferentes ocasiones que solo debía respetarse como ley la que emanara del poder que tuviera facultades para dictarla y revistiese las formalidades prescritas por la Constitución.

En comprobación de esto puede recordarse que nunca reconoció como ley el decreto de Reformas al Código de Procedimientos y a la Ley de Tribunales que el Poder Ejecutivo dictó, mediante una indebida autorización del Congreso, el 17 de marzo de 1883, y que, en sus gestiones como Abogado, siempre se atuvo a las prescripciones del Código y ley citadas, considerándolas, en toda su extensión, en su vigor y fuerza.

Cuando estaba para expirar el primer período presidencial del General don Luis Bográn, se trató de la reelección de este. Con tal motivo, el 6 de enero de 1887 hubo en el Palacio de Gobierno una junta de notables que debía decidir sobre el particular. El señor Bonilla fue convocado a ella, y asistió.

La mayor parte de los concurrentes eran empleados de aquel Gobierno, y expusieron terminantemente sus deseos en favor de la reelección, a pesar de que se había manifestado opuesto a ella el mismo General Bográn, en el discurso que dirigió a la junta.

El señor Bonilla, aunque conociendo que todo aquello era una farsa, trató de aprovechar las declaraciones del Presidente y comprometerlo a que formalmente desistiera de su candidatura; pero nada consiguió. Sometido el punto a votación, le siguieron unos pocos, y tuvo en contra una enorme mayoría, que votó por la reelección.

El señor Bonilla entonces inició trabajos en favor de la elección del distinguido ciudadano señor don Céleo Arias. Publicó una exposición excitando a este a que diese a conocer al pueblo hondureño si aceptaba o no la candidatura, y, en el primer caso, a que presentase su programa administrativo.

El señor Arias aceptó: publicó su hermoso manifiesto intitulado Mis Ideas, y con esto quedó empezada la campaña electoral.

El resultado de la lucha fue el que debía esperarse. El poder contaba con todo: la oposición no contaba más que con su inquebrantable decisión y energía, y necesariamente había de quedar vencida, aun cuando equivalga a una victoria moral una derrota debida a la imposición y la violencia.

Recuerdo que entonces uno de los Ministros más atendidos por el Gral. Bográn me dijo, en tono de satisfacción, estas palabras: "Sí, amigo: es muy difícil ganarle las elecciones a un Gobierno", lo que fue una espontánea y valiosísima confesión.

Reelecto el General Bográn, comprendió el señor Bonilla la necesidad que el Partido Liberal tenía de una imprenta independiente para defender su causa, y proyectó establecerla. Al efecto promovió la formación de una sociedad anónima con personas de todos los departamentos de la República, no obstante que el señor Arias desconfiaba del éxito. La sociedad se fundó, y se estableció "La Prensa Popular".

Habiendo fallecido el señor Arias en mayo de 1890, era indispensable procurar que el Partido Liberal, que solo tenía su nombre y su programa por enseña, tuviese unidad y fuerza por medio de la disciplina, obedeciendo a un plan de acción fijo, organizándose sin consideración a persona alguna, y sometiéndose a una Constitución. El señor Bonilla tomó sobre sí esta tarea, echando las bases para la organización del Partido en octubre siguiente.

El 8 de noviembre de ese año dio el señor Bonilla una prueba de civismo y de respeto a las instituciones, muy rara en países que, como el nuestro, no han alcanzado su completo desarrollo, y en que no es el verdadero republicanismo la base de la vida política y social. Ese día se sublevó en Tegucigalpa el General don Longinos Sánchez, Comandante de Armas del departamento, contra el Gobierno del General Bográn.

El señor Bonilla, que hacía la oposición a este Gobierno y que, a haber querido manchar su nombre, hubiera podido aprovechar el pronunciamiento de Sánchez para adueñarse del poder, se puso al servicio del Gobierno constituido, y con el pronto auxilio que con sus correligionarios le prestó, afirmó en el poder al General Bográn, dándole fuerza material y moral desde el primer momento, desde muy antes que hubieran podido venir en su socorro las divisiones de los departamentos, y decidiendo así, desde luego, el fracaso de la intentona de Sánchez. Fue entonces la primera vez que el Doctor Bonilla jugó su vida en los combates.

Debelada la sublevación, influyó poderosamente en el ánimo del General Bográn a efecto de que no se aplicase la pena de muerte a ninguno de los comprometidos, aunque fuese muy grave su responsabilidad, y consiguió su objeto.

En esos días tuve el honor de cooperar a la defensa del Gobierno legítimo, ejerciendo, por depósito que en mí hiciera de su cargo el Coronel y Doctor don Rodolfo Pineda, la Comandancia de Armas del departamento de Copán. Entre las comunicaciones oficiales que recibí sobre el curso de los sucesos, me llegó un telegrama del señor Bonilla, en que me daba noticia de haber concluido todo.

Comprendí, por los términos del telegrama y por mi conocimiento del señor Bonilla, la participación que había tenido en la defensa del Gobierno, y tomando en cuenta que poco antes de la sublevación, esto es, a fines de octubre, había lanzado él las bases para la organización del Partido Liberal, no vacilé en transcribir, en mi carácter de Comandante, su telegrama a "El Imparcial" de Guatemala, que dirigía don Augusto Mulet de Chambó, y a "El Heraldo" de San Salvador, que redactaba don Miguel Plácido Peña, en estos términos:

Santa Rosa: 18 de noviembre de 1890. —
A Redactores de "El Imparcial" y "El Heraldo". —
El Jefe del Partido Liberal me dice con fecha de ayer:
"Insurrección Sánchez, debelada; traidor murió suicidado. Todo el orden restablecido. El Partido Liberal ha cumplido con su deber. Comuníquelo, amigos." —P. Bonilla. — Su servidor. —Rómulo E. Durón.

Como aún no estaba hecha la elección del Jefe del Partido Liberal, conforme a las bases de octubre, mi telegrama fue mal visto, así en las esferas del Gobierno como entre algunos de nuestros correligionarios. Con todo, quedó demostrado que mi anticipación a llamar al señor Bonilla Jefe del Partido era fundada, pues en las elecciones que en seguida se practicaron en los departamentos que hasta entonces habían entrado en el plan de organización, fue el señor Bonilla favorecido casi por unanimidad de votos.

Hago esta declaración hoy que no está en el poder el señor Bonilla, y que por lo mismo no puede creérsela interesada.

El 5 de febrero de 1891 dictó en Tegucigalpa la Convención Liberal, con representantes de seis departamentos, la Constitución del Partido, habiendo acogido en ella las ideas fundamentales del programa del señor Arias y las bases provisionales de organización de octubre de 1890.

La Convención declaró electo al señor Bonilla Jefe del Partido y candidato a la Presidencia de la República en el nuevo período. Así quedó inaugurada la campaña electoral.

La lucha fue vigorosa. El Partido tenía imprenta siquiera, y con ella tuvo bastante para enfrentarse con el poder, que apoyaba la candidatura del General don Ponciano Leiva.

Pero en esta campaña, como en la anterior, habían de resultar triunfantes la imposición y el fraude. En mayo de ese año fue asaltado y tomado el cuartel de Amapala por unos pocos emigrados, habiendo muerto en la refriega el Comandante del puerto, General don Santos Bardales.

Pronto el puerto fue recuperado, y el movimiento no tuvo más trascendencia, pues era absolutamente aislado. Sin embargo, él sirvió de pretexto al General Bográn para declarar en estado de sitio toda la República, y de este modo impidió los progresos de la propaganda que por la prensa se le hacía a la candidatura liberal.

El estado de sitio se levantó el 15 de agosto, cuando ya el Poder tenía seguridad de hacer triunfar su candidatura y cuando el Partido Liberal no tenía tiempo de reanudar completamente sus trabajos, pues las elecciones debían comenzar el 5 de septiembre.

Las elecciones se practicaron como era de esperarse; y a pesar de que no hubo libertad en ellas, obtuvo el señor Bonilla más de 15,000 votos en una base falseada de 49,662 sufragantes. En consecuencia, fue declarado electo Presidente de la República el General Leiva. Si hubiera habido libertad, y probablemente aun faltando, sin haberse cometido fraude, puede asegurarse que el resultado habría sido contrario.

A pesar de las irregularidades incalificables de esta elección, el Partido Liberal se habría sometido si se hubiera abierto una nueva era administrativa. El señor Bonilla, deseoso de que volviera la tranquilidad a todos los hogares y seguro del triunfo en una nueva campaña electoral, propuso al Gobierno del señor Leiva la organización de un Gabinete formado por hombres respetables que no tuviesen compromisos con ninguna agrupación y que dieran al pueblo garantías de que se llevaría al Poder la moralidad política y de que serían castigados con arreglo a la ley los que, durante la Administración anterior, la habían violado cometiendo atentados contra los derechos individuales y dilapidando los bienes del Tesoro Público.

El señor Leiva no supo apreciar esto en lo que valía, y no solo desoyó esa voz amiga, sino que hizo lujo de mantener en sus puestos a la mayor parte de los empleados culpables de la Administración Bográn, y exigió que el señor Bonilla disolviera la agrupación liberal. Esto era inaguantable, y el señor Bonilla rechazó indignado semejante exigencia.

Entonces comenzó contra él y los suyos la más implacable persecución. Se les molestó por todos los medios imaginables, y por fin, el 8 de mayo de 1892, fueron expulsados del país el señor Bonilla, los Generales don José María Reina, don Erasmo Velásquez, don Dionisio Gutiérrez y don Miguel R. Dávila, y los Licenciados don Miguel Oquelí Bustillo y don Enrique Lozano.

En estas circunstancias, solo la revolución podía salvar al país, y la revolución comenzó.

El 22 de junio, el Coronel don Leonardo Nuila asaltó y tomó el cuartel de La Ceiba, proclamando Presidente al señor Bonilla, y el 5 de julio se dirigieron a la frontera de Nicaragua los patriotas de Tegucigalpa y Comayagüela, a cuyo frente se pusieron allá los Generales Reina, Velásquez, Dávila y Laínez. Estos y otros movimientos simultáneos en la frontera salvadoreña fueron desgraciados.

El ejército de Nuila, que se formaba de 700 hombres bien armados, se desbandó en Quiebra-Botija, y el ejército del Sur, que contaba con muy pocos rifles y tuvo que batirse con arma blanca y hasta con piedras, sucumbió ante el numeroso y bien equipado ejército del Gobierno en Las Anonas primero, y después en El Corpus, en donde, seguido del General don Dionisio Gutiérrez, de los Licenciados Lozano y Oquelí y de otros ardientes revolucionarios, se había fortificado el General Sierra.

La acción del Corpus, librada poco después del combate en que el General Sierra con unos pocos soldados derrotó en El Carrizal a las fuerzas que mandaba el entonces Coronel Antonio Tercero, fue de las más reñidas.

El General Sierra defendió la plaza durante tres días, teniendo apenas como 125 hombres, habiendo sido atacado con 1,500 al mando de los Generales Vásquez, Williams y López, quienes contaban además con dos piezas de artillería.

La acción del Corpus fue el último esfuerzo de la campaña liberal en 1892.

Pero el señor Bonilla, que se hallaba entonces en Guatemala y no había podido reunirse con los revolucionarios, se preparó para el año siguiente. Burlando la vigilancia de las autoridades nicaragüenses, y viniendo por tierra desde Costa Rica, logró penetrar hasta Somoto, donde permaneció de incógnito, hasta que en febrero de 1893 se presentó en la frontera seguido de gran número de sus partidarios, habiendo luego ocupado el pueblo de Güinope.

Una vez allí, se iniciaron conferencias en favor de la paz por parte del Gobierno, que presidía a la sazón el Licenciado don Rosendo Agüero por depósito que en él hiciera el General Leiva. Las conferencias no dieron el resultado apetecido, y el ejército liberal pasó a ocupar Tatumbla, a cuatro leguas al sudeste de la capital. En Tatumbla hicieron prodigios de valor los revolucionarios, no habiendo podido desalojarlos de allí en treinta días el General Vásquez, Jefe de las fuerzas del Gobierno.

El señor Bonilla dispuso por fin levantar el campo y venir a atacar Tegucigalpa. El 28 de marzo amanecieron las huestes liberales en El Picacho, y como a las once de la mañana tomaron La Leona y gran parte de la ciudad, habiendo tenido que replegarse hacia el cerro como a la una de la tarde, al entrar en combate las fuerzas, superiores en número y equipo, del General Vásquez que habían quedado burladas en Tatumbla.

Una fuerte columna de estas había sido destacada del camino sobre el cerro de Las Crucitas y allí fue completamente derrotada por el ejército liberal, después de un reñidísimo y terrible combate, que duró desde las cuatro de la tarde hasta las once de la noche.

El ejército liberal continuó cinco días más en El Picacho, de donde destacó una columna al mando del General Bonilla para capturar un convoy de cartuchos y dinero que venía de Comayagua, lo cual por un desgraciado accidente no se logró.

Por falta de dinero, principalmente, el resto de la fuerza liberal abandonó la posición, dirigiéndose a Cedros con el objeto de ponerse en comunicación con Olancho y proveerse de allí de los recursos necesarios.

En el camino, en el Río Hondo, quedó el General Sierra con una columna encargado de amenazar la capital y de detener al enemigo o seguirlo para atacarlo por retaguardia si a su vez atacaba la plaza de Cedros. Cumpliendo con la primera parte de su misión, el General Sierra libró en Coa un combate con una fuerza que mandaba el General Vásquez en persona, obligándole a regresar a la capital; pero ya no pudo concurrir a la reñida acción que se libró en Cedros desde el 8 de abril, en donde el General Manuel Bonilla fue gravemente herido.

Después de seis días de estar enfrentado al enemigo, el Doctor Bonilla con sus fuerzas marchó a Guaimaca, adonde se replegó el General Sierra.

Descuidado por el exceso de fatigas y privaciones, estaba allí el ejército liberal el 15 del mismo mes cuando se presentaron las fuerzas de Villela. A pesar de la sorpresa, los revolucionarios hicieron brillantes cargas; y la victoria habría coronado sus esfuerzos, en vez de ser una acción más bien indecisa, si el señor Bonilla no hubiera sido herido; y al sacarlo del campo de batalla no se hubiera perdido gran número de tropas, por cierto de las mejor equipadas.

Iba montado y acompañado solo del General Sierra a visitar el puesto del cementerio, caminando por un llano limpio, a distancia de menos de cien pasos de una guerrilla enemiga, que hacía fuego parapetada en un barranco, cuando una bala le atravesó el brazo derecho y el pecho de tetilla a tetilla. La arteria principal había sido rota en el brazo, y se creyó que la herida era mortal.

El herido fue trasladado en camilla a Juticalpa, donde permaneció en cama trece días, al cabo de los cuales sobrevino la hemorragia por la rotura de la arteria, que hizo necesaria una operación de ligadura. Se practicó esta sin éxito, al mismo tiempo que el ejército liberal se batía otra vez a las órdenes del General Sierra en El Salto, logrando contener al enemigo y asegurar, sin persecución ya, la marcha hacia la frontera de Nicaragua.

El Doctor Bonilla, conducido en hamaca, custodiado por más de ochenta de sus más leales amigos y cargado por ellos en sus hombros, por la gravedad de su estado no quiso pasar de Las Gaitadas, hato de Félix Medina, en donde resolvió esperar la llegada del Doctor Julián Baires, para que en unión del Doctor Alejo S. Lara h., que le acompañaba, practicase una nueva operación.

Crítica era en verdad la situación, porque el Doctor Lara declaraba que por justos motivos no podía practicar él solo la ligadura de la arteria; y dentro de pocas horas la debilidad del enfermo no lo permitiría. Felizmente llegó Baires, y juntos practicaron el 3 de mayo una feliz operación.

El mismo día el Doctor Bonilla continuó la marcha y el siete traspasó la frontera de Nicaragua. Con eso quedó terminada la segunda campaña de la revolución liberal.

Por entonces en Nicaragua una revolución se sucedió a otra, quedando definitivamente el partido liberal en el Poder, y aliviada la difícil situación de los emigrados hondureños. El señor Bonilla fue electo Diputado a la Asamblea Constituyente por el departamento de Carazo; y en su puesto hizo honra a su credo y a su país.

A fines de 1893 se inició la tercera y última campaña. El 24 de diciembre de aquel año inauguró el señor Bonilla su Gobierno en Los Amates. A este acto sucedieron la ocupación de la plaza del Corpus y la de Choluteca, y finalmente la de Tegucigalpa, a donde entró el ejército vencedor, auxiliado por el ejército nicaragüense, el 22 de febrero de 1894.

Pronto quedó pacificado el país y se entró en una era de reparación, de progreso y de justicia.

Lo primero que hizo el señor Bonilla fue convocar la Asamblea Constituyente que dictó la liberal Constitución que en la actualidad rige. Electo Presidente Constitucional, ha consagrado sus energías a promover el adelanto en los diferentes ramos del Gobierno. Su labor administrativa aparece justificada en sus Mensajes que formarán el tomo final de esta colección.

Dedicó atención especial a dos importantes problemas: el de la reconstrucción de la República de Centroamérica, que se hubiera logrado a no acaecer el movimiento revolucionario del 13 de noviembre de 1898 en San Salvador; y la construcción del ferrocarril interoceánico, acerca de la que nada puede afirmarse como seguro por ahora con motivo de la falta de inteligencia que acerca de la contrata ha habido entre el Gobierno y el Sindicato.

El señor Bonilla ha concluido su período presidencial en paz, y ha tenido la satisfacción de entregar el Poder al sucesor que el pueblo le designó, cumpliendo así sus deberes de ciudadano y sus compromisos como individuo y Jefe del Partido Liberal.

Su conducta en el Poder ha merecido con justicia el aplauso de propios y extraños.

Pocas vidas podrán presentarse tan brillantes y fecundas a los cuarenta años de edad. Y el haber sido el señor Bonilla lo que ha sido, le valdrá un gran porvenir, un porvenir que, al desarrollarse, hará ver lo que ha conseguido hasta hoy como el comienzo de la obra que está llamado a realizar.

Van a verse en seguida sus escritos: ellos, mejor que estas páginas, darán a conocer el temple de alma, el inquebrantable carácter y la osadía y tenacidad de este notable hondureño, quien es por otra parte de índole suave y de modestia sincera. Ellos también darán a conocer los detalles de su vida que en esta rápida narración haya involuntariamente omitido.

Por lo que hace a la obra literaria, el señor Bonilla piensa que solo se ha esmerado en su discurso de incorporación en la Academia de Honduras; pero, por mi parte, hallo en todos sus escritos el gran mérito del hábil manejador del idioma y del profundo pensador, que consiguen realizar la difícil facilidad: el escribir lo que se quiere con tal precisión, exactitud y propiedad, que ni faltan ni sobran las palabras ni los conceptos, ni se advierte por otra parte esfuerzo alguno de parte del escritor.

Los primeros artículos del presente libro fueron, al publicarse por primera vez, armas de combate; pero están destinados a continuar siéndolo, como su autor lo está para seguir siendo esperanza de la patria y firme defensor del liberalismo.

Rómulo E. Durón.

17 de febrero de 1899.

CUESTIÓN JURÍDICA

I

Señor Redactor de EL ORDEN:

En el número 36 de su periódico he visto un artículo en que pone Ud. en parangón dos sentencias, pronunciada una por el Juez de Letras Militar de este departamento contra el Coronel don Manuel Morey "por haber llevado al cuartel y dado latigazos a unos muchachos malcriados", según las propias palabras de Ud.; y la otra por la Corte de Apelaciones de esta Sección contra Romualdo Fuentes, por homicidio cometido en el Inspector Coronel don Luis Blum.

La casualidad, tal vez, habrá querido que Ud. haya tomado como objeto de comparación dos sentencias pronunciadas en procesos en que yo he intervenido, aunque desempeñando funciones bien diferentes. En el instruido contra el Coronel Morey, no solo dirigí al Juez en su tramitación, sino que también le aconsejé el fallo que pronunció. En el instruido contra Fuentes, fui defensor del reo, y como tal, hice en su favor cuanto por las leyes me era permitido.

He explicado estos antecedentes, que acaso Ud. ignoraba, para poner en claro la sola razón que me impulsa a contestar las apreciaciones que Ud. hace contra la sentencia que aconsejé, porque si alguna responsabilidad pudiera ocasionar al Juez que la pronunció, la acepto toda entera ante la opinión pública, y la aceptaré en cuanto me sea posible, si se llega el caso, aun ante los Tribunales.

Pero antes, teniendo en cuenta que es Ud. un Abogado notable, le haré la siguiente observación: Dice Ud. que la sentencia condena al Coronel Morey a la pena de "dos años seis meses de prisión", y es esto falso, porque la sentencia dice: "dos años seis meses de reclusión". Esta sustitución me parece de alguna importancia, porque la pena de prisión es pena de falta, y como tal no puede en ningún caso exceder de sesenta días; y la pena de reclusión lo es de simple delito o de crimen, y como tal debe comenzar en los sesenta y un días. También esta sustitución podría ser de trascendencia, porque, según las consideraciones que cada cual haga sobre la causa que la motiva, importe quizá el crédito de un Abogado o periodista.

Por ejemplo. Hay quien asegure que Ud., señor Redactor, no ha visto ni el proceso ni la sentencia que tan mal ha tratado; pero este aserto, por ofensivo que sea para Ud., es increíble para mí: sería preciso concederle un atrevimiento de que lo creo incapaz, para criticar a ciegas o cuando más por informes tomados de fuente no muy pura.

Otro quizá pretenda que Ud. no ha abierto ni leído la primera página siquiera del Código Penal, concibiendo solo así que Ud. haya incurrido en el grave error en que me ocupo; o tal vez, yendo más lejos, crea que Ud., apegado a la antigua legislación y desdeñando, como muchos otros Abogados, según Ud. lo ha asegurado en varias ocasiones, leer siquiera los Códigos que nos rigen, tenga la opinión de que subsiste la prisión como pena de delito; pero tales suposiciones las creo aún más inaceptables, porque Ud. ha demostrado siempre mucho amor a la nueva legislación, y criticado a menudo con la merecida severidad a esos Abogados a que me he referido.

Queda todavía otra suposición que puede hacerse, y que desde luego me apresuro a declarar absurda: puede pretenderse, con motivo de otras omisiones importantes que Ud. ha hecho en su artículo, que de propósito y con el dañado intento de hacer pesar sobre el Juez las consecuencias, Ud. ha sustituido una palabra por otra; pero repito que esto es absurdo suponerlo, porque Ud. se ha constituido en todo caso y circunstancias Apóstol de la Verdad, y en honor de ella, tal es el concepto en que sus conciudadanos le tienen.

Por estas razones, no siendo concebible que un distinguido jurisconsulto como Ud. haya incurrido deliberadamente en una equivocación, ni que, acreditado periodista, como es, haya procedido de mala fe, debo creer y creo firmemente que del error ha sido causa el señor Director de la Imprenta, y Ud., si acaso, en una parte insignificante, por haber tenido la distracción de no notarlo en la corrección de pruebas.

Después de esta digresión que me he permitido más bien en provecho de Ud., paso a contestar la parte sustancial de su artículo, sobre la desproporción que dice Ud. existe entre las penas impuestas por las dos sentencias antes mencionadas.

Instruido el proceso contra el Coronel Morey, y por el mérito que de él apareció, juzgué que el reo había cometido los delitos de arresto arbitrario y aplicación de tormentos definidos por los artículos 149, inciso 1.º, y 151, número 1.º, del Código Penal, comprendidos en el § IV que trata De los agravios inferidos por funcionarios públicos a los derechos garantidos por la Constitución, que dicen literalmente:

Artículo 149. — Todo empleado público que ilegal y arbitrariamente desterrare, arrestare o detuviere a una persona, sufrirá la pena de reclusión menor y suspensión del empleo en sus grados mínimos a medios.

Art. 151. — Sufrirán las penas de presidio o reclusión menores y suspensión en cualquiera de sus grados:

1.º — Los que decretaren o prolongaren indebidamente la incomunicación de un reo, le aplicaren tormentos o usaren con él de un rigor innecesario.

Advierto, por si alguien lo ignora, que la duración de las penas que establece el primero de los artículos citados es de sesenta y un días a dos años, y la de las que establece el segundo, de sesenta y un días a tres años.

Habiendo estimado el primero de los delitos como medio para perpetrar el otro, lo consideré solo como circunstancia agravante —artículo 13, número 17 del mismo Código—; y juzgando que concurrió también la que señala el número 6.º del mismo artículo, impuse la pena en el término medio de su grado máximo. Omite el repetir las apreciaciones de hecho y las demás consideraciones de derecho en que la sentencia se funda, porque supongo que se publicará en La Gaceta de los Tribunales, y su sola publicación es la mejor defensa.

En cuanto al fallo pronunciado por la Corte de Apelaciones, se ha publicado ya en la misma Gaceta, y me parece bastante indicar a Ud. que, como Abogado, debe saber que el hecho de haber cometido un hombre un crimen atroz, por el nombre con que la ley lo defina, no exige forzosamente la imposición de la pena en la misma ley establecida, porque pueden concurrir circunstancias que obliguen al Tribunal a disminuir aquélla en tantos grados que resulte penado el que llevaba el nombre de crimen atroz como una falta ligera. Mas en el presente caso ni siquiera se ha disminuido en un grado la pena que el artículo 394 del Código Penal señala al homicidio.

Por esta razón no concibo cómo Ud. ha demostrado tanto asombro en vista de la sentencia en que me ocupo, o más bien sin haberla visto, puesto que no funda su parecer en detalles del proceso.

Ud. llama en su artículo la atención de la Corte de Apelaciones sobre la sentencia contra el Coronel Morey; y como yo no tengo pretensiones de infalible, en caso de ser reformada, confesaré francamente mi error, si las razones en que se funda el Superior Tribunal me obligan a reconocerlo.

No puedo convencerme de que deba tomar su artículo a la letra: me veo precisado a creer que Ud., bajo pretexto de criticar a los Jueces, y sin tener el valor necesario de ser franco, ha querido criticar al Legislador; porque si alguna desproporción hubiera en las penas, como Ud. lo asegura, no sería por culpa de los Tribunales que las aplican, sino de los artículos 149, 151 y 394 del Código que las establece.

Si Ud. cree de buena fe que "la leve falta de aplicar unos cuerazos a muchachos malcriados" en ningún caso debe tener la misma pena, o con poca diferencia, que el delito de homicidio, proponga al Poder Ejecutivo dirija su mirada sobre tan absurdas disposiciones penales, a juicio de Ud., y acuerde su reforma.

En conclusión, debo declarar, para tranquilidad de mi conciencia y de mis amigos, que si alguna vez vuelvo a ocuparme de EL ORDEN no será por algo escrito contra mí, que preveo sea en todo conforme a su programa, cumplido siempre a la letra, y haré abstracción de su redactor; pues si al presente he contestado directamente, ha sido por dar una satisfacción, o más bien una explicación a la sociedad, ya que ésta ha tolerado la existencia del periódico a pesar de la muy noble misión que se ha impuesto.

Tegucigalpa, 2 de julio de 1881.

II

Señor Redactor de LA PAZ:

He leído, con el detenimiento que merece, el artículo que registra el número 184 de su importante periódico, en el cual combate Ud. la sentencia que aconsejé al Juez de Letras Militar de este departamento contra el Coronel don Manuel Morey, y que defendí en un Remitido a EL ORDEN, publicado en el número 183 de su mismo periódico.

No convenciéndome, como Ud. lo sospechó, de que he incurrido en los errores que me atribuye, no obstante el gran peso de las razones en que Ud. apoya su opinión, me aprovecho de la invitación que me hace a replicar, abriéndome las columnas de LA PAZ.

Al hacerlo, sintiendo solo estar en desacuerdo sobre puntos de derecho con un Abogado a quien respeto por su ilustración reconocida en toda Centroamérica, cumplo con un deber. Pero lo cumplo con la satisfacción y la honra de ver en mi adversario un periodista que comprende y aprecia, como es debido, la elevada misión de la prensa; que quiere, no su descrédito, sino convertirla en apoyo de los débiles; que tiene interés en que la sociedad se convenza de su benéfica influencia; y de quien no puedo temer que descienda al insulto, porque siempre se coloca a la altura de sus deberes. Ya una vez ha hecho Ud. justicia a mi sinceridad y buena fe, y no dudo me la conceda en la defensa que voy a hacer.

Afirma Ud. que he cometido dos errores en la sentencia que aconsejé. Uno, del cual me ocuparé primero por creerlo de más gravedad, es el haber considerado como circunstancia agravante del delito de aplicación de tormentos el de arresto arbitrario; y el otro, el haber estimado que concurrió la agravante 6.ª del artículo 13 del Código Penal.

Ud. no niega que dichos delitos son distintos, puesto que están penados en el Código separadamente; pero opina que para cometerse el primero es necesaria la comisión del segundo, no pudiendo concebir que se apliquen los tormentos sin estar el ofendido bajo el poder del ofensor; que por lo mismo, el artículo 151, al definir y penar el de aplicación de tormentos, lo ha definido y penado con todas sus circunstancias, comprendido el arresto previo que debió presuponer.

De todo lo cual deduce Ud., fundándose en el artículo 66, que siendo el arresto una circunstancia inherente al delito que se propuso ejecutar el culpable, no puede producir el efecto de aumentar la pena de éste.

No puedo poner en duda, ni lo he puesto nunca, que el artículo 151 exige, para que se constituya el delito que define, que el ofendido sea un reo o arrestado, puesto que terminantemente lo establece. Pero ¿será necesario que el arresto previo sea arbitrario? O, en otros términos: ¿exigirá el citado artículo que el arresto previo sea un acto criminal?

Siguiendo el consejo de Ud., he consultado al que pasa por la calle, y me ha contestado poniéndome los siguientes ejemplos: "Un Juez manda arrestar a un hombre por imputársele algún delito, y lo hace sin separarse de las prescripciones de la ley; pero arrestado, reconoce en él a un enemigo, y por satisfacer su venganza manda darle de palos".

No quiero dar la solución por esperarla de Ud., que de seguro dirá se ha cometido solo el delito de "vapuleo", y en manera alguna el de arresto arbitrario, porque lo impuso legalmente el Juez.

He aquí el otro ejemplo: "Un hombre está arrestado, legal o arbitrariamente. El Alcaide, por cualquier causa, le manda aplicar el 'vapuleo'". ¿Qué delito ha cometido este empleado? Sin lugar a duda Ud. me contestará que el mismo del caso anterior; y que si el arrestado lo había sido arbitrariamente, responderá por este delito su autor.

Con estos ejemplos, que según he confesado me suministró el que pasa por la calle, cuya voz no desprecio porque es la voz del pueblo, creo demostrar que el artículo 151 no presupone que el arresto previo del ofendido sea ilegal y arbitrario, que constituya un delito; y deduzco la consecuencia de que no es una circunstancia inherente al delito principal.

¿Lo será acaso cuando un mismo empleado impone ilegalmente el arresto y aplica los tormentos? Para contestar, preciso es distinguir dos casos. Uno, cuando hasta después de cometido el primero ocurre al culpable la comisión del segundo. El otro, cuando con intención deliberada se sirve del arresto como medio más seguro para la ejecución del que se propone como fin.

Convengo con Ud. en que para resolver el primer caso es necesario leer el artículo 66, que encierra el secreto de la cuestión, puesto que dice: "No producen el efecto de aumentar la pena las circunstancias agravantes que por sí mismas constituyan un delito especialmente penado por la ley"... La razón es clara. En el caso a que esta disposición se refiere debe aplicarse el artículo 77, que dice así: "Al culpable de dos o más delitos se le impondrán las penas correspondientes a las diversas infracciones". Luego, en este caso puedo inferir con razón que el arresto arbitrario no es una circunstancia inherente al delito de vapuleo.

Para resolver el segundo caso, que es el mismo que motivó la sentencia que defiendo, creo conveniente copiar el considerando que al punto debatido se refiere:

"Considerando: que aparece haberse impuesto el arresto solamente como medio para aplicar el castigo de palos, y que, de conformidad con el artículo 13, número 17, y 78, inciso 1.º, del citado Código, el primero debe tenerse como una circunstancia agravante del segundo".

Desgraciadamente, como se ve, no creí necesario precisar si el arresto fue un simple medio o un medio necesario para la ejecución del otro delito; pero ya que se debate este punto, declaro, y creo tenerlo demostrado, que no es medio necesario, pero que, siendo un delito menor que el principal, lo comprende en rigor la regla 17 citada, que tratándose de las circunstancias agravantes dice: "Ejecutar un delito menor como medio para perpetrar otro mayor." Ud., por el contrario, opina que es un medio necesario, de necesidad absoluta, y en esto funda su opinión de que no puede ser agravante del delito que sirve de fin. Lo doy por admitido, pero transcribiendo el artículo 78 que dice:

"La disposición del artículo anterior (el 77 ya citado) no es aplicable en el caso de que un solo hecho constituya dos o más delitos, o cuando uno de ellos sea el medio necesario para cometer el otro. En este caso sólo se impondrá la pena mayor asignada al delito más grave."

¿Qué diferencia hay entre estas dos disposiciones? Cuando se dan las condiciones que las dos exigen, como en el presente caso, ninguna; y es ésta la razón por que las he citado a la vez. No veo, en verdad, que la haya entre considerar un delito revestido de circunstancia agravante y aplicarle la pena mayor asignada al mismo delito. Creo firmemente que si Ud. hubiera mencionado en su artículo disposiciones que son tan importantes para la cuestión, no estaríamos en desacuerdo, pues yo no he hecho otra cosa en la sentencia que cumplirlas, al poner la pena mayor asignada por el artículo 151 al delito de aplicación de tormentos, por estar revestido de la circunstancia agravante del delito menor de arresto arbitrario que define el 149.

Me cita Ud. la doctrina del señor Pacheco en apoyo de su opinión; mas debo declarar que no la veo distinta de la que establece el artículo 66 de que me he ocupado, y en la misma sentencia he tenido ocasión de demostrar que la respeto y la cumplo, como Ud. lo ha reconocido. Pero no creo que lo que dicen el señor Pacheco y el citado artículo de las agravantes en general pueda aplicarse a los delitos que sirven de medio, porque de éstos tratan disposiciones especiales, que les dan el carácter de agravantes, precisamente cuando por ser un medio necesario se confunden con el delito principal.

Si no se explica, como lo hago yo, el inciso 1.º del artículo 66 por medio del 77 y 78, confieso francamente que no les encuentro otra conciliación, y espero que Ud. me la indicará.

En cuanto a la circunstancia 6.ª, apreciada por mí en el fallo que aconsejé, dice Ud. que debe tenerse como inherente al delito, porque sin ella no podía cometerse; que la ley, al penar los delitos oficiales, presupone, porque es natural, la superioridad de fuerza en el empleado público sobre los demás ciudadanos, no pudiendo por lo mismo aquella circunstancia ser una agravante sino en los delitos comunes.

Para contestar copiaré la parte de la sentencia que a este punto se refiere: "Considerando: que además de la circunstancia agravante antes indicada, concurre la que establece el número 6.º del citado artículo 13, atendida la superioridad de fuerza y medio de acción del delincuente, y la ninguna defensa que podían oponer los ofendidos por su corta edad."

Yo estoy de acuerdo con Ud. en que no debía considerarse en este delito la superioridad de fuerza que el empleado tenía en su carácter de tal, porque es circunstancia inherente según el artículo 66; y en prueba de que reconozco esta verdad, como Ud. bien lo dice, no consideré la circunstancia de la regla 8.ª: "Prevalerse del carácter público que tenga el culpable"; y he ido más lejos, pues tampoco he querido apreciar como agravante (regla 6.ª) los medios de acción que su empleo proporcionaba al delincuente, que son: "El haberse valido de la autoridad que la ley le concede sobre sus subalternos militares y del local donde ejerce sus funciones", pues estos medios me han servido para dar al delito el carácter de oficial.

Entonces se me preguntará: ¿a qué fuerza, a qué medios de acción me he referido?

Fuerza, la misma a que Ud. se refiere en su artículo: la de cuatro o cinco que atacan a uno; la de un hombre armado que ataca a otro sin armas; la de un hombre que ataca a una mujer; y yo le agrego, con el tácito consentimiento de Ud.: la de un adulto que ataca a un anciano o a un niño, ya sea el agresor empleado o simple ciudadano, porque las circunstancias de la edad y del sexo son independientes del carácter oficial que tenga el culpable.

En verdad, no creo haya quien niegue cuánta mayor gravedad encierra el mandar azotar a una mujer, a un anciano o a un niño que a un adulto; a personas que no pueden hacer ninguna defensa, no tanto en el acto, que todos se confunden ante la fuerza mayor, sino aun después, sustentando su derecho ante los Tribunales; venganza legítima que tampoco teme el culpable.

Medios de acción, los que registra el proceso y que aparecen en la relación de hechos en la sentencia; medios tales que impidieron a los jóvenes ofendidos hasta el recurso de huir de los latigazos; medios que no enumero porque la sentencia se publicará, y he querido mantenerme, en cuanto me ha sido posible, tan sólo en la discusión de los principios.

Como Ud. observará, me he abstenido de usar de nombres propios. Ud., con mucha razón, ha dicho que éstos tienen mucha influencia en las sociedades pequeñas, pero no tanto en extensión como de espíritu.

Pensando yo tan modestamente como Ud., creo que para pedir la reforma de una ley debe hacerse de ella un estudio a fondo, concienzudo, el mismo que se ha hecho para dictarla. Nunca he pensado de otro modo.

¿Por qué me atribuye Ud. el haber criticado la legislación vigente en mi remitido a EL ORDEN? No lo sé; y no creo haya otro medio mejor de probar que no ha sido tal mi intención, que transcribir el párrafo en que, atribuyendo al Redactor poca franqueza al criticar a los Jueces, siendo su verdadero objeto criticar él al Legislador, le dije: "Si Ud. cree de buena fe que la leve falta de aplicar unos cuerazos a muchachos malcriados en ningún caso tenga la misma pena, o con poca diferencia que el delito de homicidio, proponga al Poder Ejecutivo dirija su mirada sobre tan absurdas disposiciones, a juicio de Ud., y acuerde su reforma."

Si alguna vez me ocurre criticar la legislación, con sólo la reserva necesaria al que carece de luces, al que no tiene confianza en sí mismo, lo haré con entera franqueza; y no digo con la franqueza que acostumbro, porque, por primera vez, con motivo de esta cuestión, me he visto precisado a escribir, pero sí con la que tengo el propósito de usar siempre que me toque valerme de la prensa.[2] Lo haré así, porque tendré la convicción de que muy lejos de cometer un delito, ejerceré un derecho, y a la vez cumpliré un deber de ciudadano.

En cuanto a la sentencia contra el homicida del Coronel Blum, es bien sabido que no soy su autor; pero como Ud., en el artículo a que replico y en otro del anterior número de su periódico, hace algunas consideraciones sobre ella, y como yo, aunque muy incidentalmente, la consideré también en mi remitido a EL ORDEN, creo deber dar algunas explicaciones, que omito por ahora porque quizá me he extendido demasiado. Declaro a Ud., sin embargo, que sobre la teoría de compensación de las circunstancias atenuantes y agravantes estamos enteramente de acuerdo; pero no así en la aplicación de la misma teoría al caso del homicidio a que me he referido, porque estimo de muy diferente modo que Ud. las que concurrieron en el hecho.

Teniendo la sincera convicción de que no me he separado de mi deber al aconsejar la sentencia contra el Coronel Morey, y lo que Ud. no me niega, comprenderá que estoy en el caso de defenderla cuantas veces la vea atacada en LA PAZ. Por esta razón, Ud. decidirá cuándo deba cortarse el debate, porque crea que la opinión pública, el

---

[2] Esto dijo el Doctor Bonilla cuando era un joven de veintitrés años de edad; y lo que entonces prometió lo ha cumplido fielmente después, como se verá en todos sus escritos.

verdadero Tribunal Superior en estos casos, puede dar su fallo con bastante conocimiento de causa.[3]

Tegucigalpa, 12 de julio de 1881.

---

[3] En el número siguiente el Redactor de La Paz dio por terminada la discusión y cerró las columnas del periódico al Doctor Bonilla. Pero debemos hacer constar que no lo hizo de motu proprio, sino por orden del entonces Presidente Doctor Soto, quien era el verdadero autor de la primera crítica, lo cual constaba al Doctor Bonilla.

DISCURSO EN ANIVERSARIO DE INDEPENDENCIA

(Pronunciado a nombre de la Municipalidad de Tegucigalpa, al conmemorarse el LXIV aniversario de la Independencia).

SEÑORES:

La Corporación Municipal de esta ciudad, de que soy miembro, me ha hecho la inmerecida honra de comisionarme para interpretar los sentimientos que animan al pueblo que representa, en este solemne día, que ha sido y debe ser siempre de gran fiesta nacional para todos los pueblos de Centroamérica.

Acepté más por cumplir un deber que por pensar que sea yo el llamado a llenar debidamente ese encargo. Pero al ocupar esta tribuna, lo hago con el temor de que mis ideas, mis apreciaciones, no estén quizá en todo de acuerdo con las de mis colegas. Conozco su benevolencia y su caballerosidad. Sé que si les interrogase, no vacilarían en dar su aprobación. Por ello, para atreverme a llenar hasta el fin mi cometido, necesito confiar en vuestra rectitud de juicio, que os servirá para inculparme a mí sólo por lo malo que encontréis en mi discurso.

En los que en este día se pronuncian, es costumbre consagrar un lugar preferente a narrar la historia de nuestra vida colonial y de los sucesos que prepararon y siguieron inmediatamente a la proclamación de la independencia de la América Central. Y sobra razón para hacerlo así, porque de esa narración resulta grande honra para nuestra patria, poniendo de manifiesto lo que es capaz de obtener un pueblo animado por el sagrado fuego del patriotismo.

Yo, sin embargo, no me propongo imitar ese ejemplo, porque tantas veces, en los sesenta y cuatro aniversarios que se han celebrado en todos los pueblos de Centroamérica, se ha hecho, y con maestría, esa narración, que mi desautorizada voz tendría que ser monótona repitiéndola.

Tampoco me ocuparé, como más de una vez se ha hecho desde esta tribuna, en vituperar y aun maldecir a la que fue nuestra madre patria; porque si las colonias españolas se vieron privadas de toda libertad y tuvieron encadenado el pensamiento, oprimidas las conciencias, monopolizado el comercio, casi nulificada la industria y cegadas, en fin, las fuentes todas de su prosperidad, no corrían entonces mejor suerte los hijos de la metrópoli. Culpemos, si es preciso hacerlo, al sistema de gobierno, al fanatismo y al atraso de la época.

Juzgar del pasado a la luz de la gran antorcha que ha puesto en nuestras manos el siglo XIX es grave injusticia. No debemos quejarnos de que España no nos diera lo que entonces no tenía. Por el contrario, nuestra gratitud debe ser eterna hacia esa nación tan noble, que se desprendió de su más fecunda savia para traer a estos países la civilización.

De seguro España lamenta aún más que la América esas sombras que en su pasado proyecta el coloniaje, porque son quizá las únicas manchas de su gloriosa historia. Y lo hace con más derecho también, porque ha sabido recobrar su puesto entre las naciones que sirven de vanguardia al mundo civilizado. Es aún una monarquía; pero si vamos a las comparaciones, puede sostenerlas con ventaja sobre muchas que tan orgullosas se muestran con el nombre de Repúblicas en la América Latina.

Por otra parte, creo que este día no debe destinarse sólo a ensalzar las glorias de la patria: que debemos también dedicarlo a examinar lo que hemos hecho en tantos años de autonomía y confesar nuestras faltas, por más que sea doloroso. ¿De qué nos serviría conservar, en santa veneración, un pasado grande y hermoso, si hemos olvidado y no pensamos seguir el noble ejemplo de nuestros mayores?

Hermosa y santa es la libertad en los pueblos como en los individuos. Mas no basta tenerla. Preciso es merecerla.

Por ello es enorme la carga que echa un pueblo sobre sus hombros al proclamarse autónomo; y más pesada aún cuando a la vez rechaza hasta un amo de entre sus propios hijos, declarando ante el mundo que es apto para gobernarse a sí mismo. Centroamérica lo hizo así. Bajo la influencia del irresistible impulso de la Democracia, genio tutelar del continente de Colón, se constituyó en República.

¿Y qué uso hemos hecho de ese precioso legado que nos hicieron los próceres de la independencia de nuestra patria?

Abramos la historia y veámoslo.

Pero ante todo permitidme, señores, una explicación. Voy a entrar en una materia harto difícil. Está en vuestras conciencias que vais a escuchar verdades amargas. Pero tened presente que mis consideraciones abarcarán un período de más de medio siglo, dentro del cual no me concretaré a determinada época y mucho menos a la en que vivimos. Tengo la opinión de que no son los contemporáneos los llamados a juzgar con acierto. Sabia era la costumbre egipcia de juzgar a los reyes en presencia de sus cadáveres, para declararlos réprobos o benefactores de su pueblo. Si del presente me ocupase, temería verme dominado por una parcial severidad o inclinado a la mezquina adulación. Sólo ante las tumbas hay verdadera imparcialidad.

Cerca de cuatro lustros pasan después del 15 de septiembre de 1821, y Centroamérica no existe ya. Hijos del crimen se apoderan del rico patrimonio y lo destrozan. Contemplamos cinco jirones, no más, de aquella hermosa nación.[4]

Este hecho es, por sí solo, una respuesta a la pregunta que antes hice. Ante él debería detenerme. Pero está, por desgracia, consumado. Veamos si, nefando en su origen, ha podido producir algún benéfico resultado.

Negar no podemos que después de la fatal separación, todas las cinco Secciones han entrado en las vías del progreso. Se han ensanchado las relaciones y los medios de comunicación con los países de ambos continentes; se han abierto nuevos puertos y nuevos centros de comercio; se han descubierto nuevas fuentes de riqueza nacional, mejorándose la agricultura y protegiéndose la industria; se ha difundido la enseñanza primaria y creado colegios y universidades para la superior; se han acrecentado las rentas del Estado, lo que ha permitido a los gobiernos emprender obras de positiva utilidad; y se han hecho, en fin, otros adelantos, en lo material, de gran importancia.

---

[4] Desde entonces, sin descanso, ha venido trabajando el doctor bonilla por la reconstrucción de la Patria , hasta el momento presente en que se logrado la unión de los Estados de El Salvador, Honduras y Nicaragua.

Todo esto es verdad. Pero no nos envanezcamos, que no es obra sólo nuestra. La ley del progreso es ineludible. Se cumple aun a pesar de la voluntad de los hombres. Y de seguro, por la parte que nos toca, no hemos hecho cuanto hemos debido y podido hacer para que esos adelantos produjesen todo su fruto.

Mas acaso por la separación se habrá mejorado la organización social y política de las cinco nuevas naciones; se habrán ennoblecido los sentimientos de los ciudadanos, despertándose el patriotismo y el espíritu público, salvaguardia de las instituciones de un pueblo; se habrán moralizado las costumbres, disminuyendo las rencillas y avanzando en las vías de la fraternidad universal, destino manifiesto del hombre; quizá se haya logrado la conservación de la paz y la extinción de las luchas fratricidas.

Desgraciadamente no podemos conservar ni por un instante esa ilusión.

Si estudiamos las instituciones de cada una de las cinco Repúblicas, de seguro encontraremos escritos en muchas cartas fundamentales que se han dado los hermosos principios que consagró la Constitución Nacional, y aun muchos de los que la época no permitió proclamar. Veremos consignados, con hermosas letras, todos los sagrados derechos del hombre.

Pero helo ahí todo.

Si buscamos la libertad del pensamiento, de la palabra y de la prensa, escritas están. Leamos, sin embargo, los artículos de periódicos, los discursos, las manifestaciones públicas de todo género que bajo el imperio de esas Constituciones se han hecho, y o bien creeremos que todos los gobernantes han sido inmaculados, o nos convenceremos de que esas libertades han sido exclusivo patrimonio de los profesores en el arte de adular, de los cortesanos, que no han preferido una honrosa oscuridad a la mancha de su nombre.

Si buscamos la independencia de los tres Poderes, el libre ejercicio de sus funciones, escrito lo hallaremos. Pero ¿cuándo y a qué Gobernante ha llamado un Congreso a su barra, como al Doctor Molina en Guatemala, siendo Jefe del Estado, acusado de lo que hoy llamamos nimiedades? ¿Cuándo ha sido siquiera improbada la conducta oficial de un Gobierno al dar cuenta de sus actos ante la

Representación del pueblo? ¡Tal vez sea que todos han sido probos y económicos, respetuosos a la ley y a las garantías del ciudadano!

¿Buscamos el respeto a la propiedad, a la seguridad individual? También lo veremos escrito; pero leeremos en seguida los decretos de proscripción, de confiscación y de muerte, sin que por eso dejen de cantar los oradores y poetas la rectitud, la justicia y la humanidad del que manda.

¿Buscamos la abnegación y el patriotismo en los hombres del poder? Y nos responderán los Mensajes de los Presidentes y las Memorias de los Ministros, en donde veremos decantados los inmensos sacrificios que les cuesta el mando supremo y su constante anhelo por volver a disfrutar de las delicias de la vida privada. Pero de seguro pocos ejemplos hallaremos en que, como Morazán y sus heroicos compañeros, Barrundia, Cabañas y tantos nobles ciudadanos de la antigua patria, hayan sellado con su sangre o compurgado en las cárceles o en el destierro la defensa de la más hermosa de las causas.

Y si deseamos hallar la buena administración de los caudales públicos, comparecerán ante nosotros hombres que han tomado el poder tal vez en la miseria y resultan convertidos en ricos propietarios, los más ricos de su país. No obstante, mientras han mandado, han sido calificados como grandes hacendistas, modelo de probidad.

Y entretanto ¿qué hemos hecho los ciudadanos? Triste es decirlo. O nos hemos convertido en cómplices de los déspotas, cuando no en esbirros, o hemos permanecido impasibles presenciando los abusos. Sólo en muy pocas ocasiones y de tiempo en tiempo se ha levantado alguna voz con enérgica protesta; pero esa voz no se ha oído otra vez: su autor ha caído y su nombre no ha sido pronunciado más. ¡Quién sabe si la historia podrá recogerlo!

¿Y qué aliento puede encontrar el patriotismo en un pueblo cuya sangre se ha estancado y donde todo espíritu público ha muerto?

Hemos llegado al grado de corrupción política en que el Gobernante, si bien intencionado pretende hacer el bien, no encuentra quien lo secunde; se inclina al mal y le sobran cómplices.

Recuerdo a este respecto las hermosas palabras de un hombre en el poder: "Desconfío de las unanimidades: cuando en casos graves mis Ministros están todos absolutamente de acuerdo conmigo, sin encontrar, según dicen, la más ligera objeción que hacerme, dudo de su sinceridad."[5]

Ese Gobernante ha pedido la verdad y se le ha negado. Culpémonos también nosotros por sus errores.

Y aprovechemos la lección, que rara vez volveremos a oír tales palabras de los labios del que manda.

Acostumbrémonos a la franqueza. Dejemos el sistema de decir siempre sólo la mitad o lo contrario de lo que pensamos.

Si las divisiones sociales son una ley fatal de la humanidad, al menos disminuyamos sus estragos, buscando la afinidad de nuestras ideas para formar agrupaciones; y formadas, combatámonos a la luz y con las armas de la razón. Nadie se avergüence de confesar que pertenece a tal o cual agrupación, llámese liberal o conservadora, o que es fanático, librepensador o ateo. Dejemos ya de vestirnos con falso ropaje, para abandonarlo cuando la ocasión lo exige.

Los duelos entre las tinieblas son terribles, porque casi siempre se conciertan a muerte. Mas cuando de ellos es testigo el mundo entero, la victoria casi nunca cuesta sangre: se luce entonces la inteligencia, la habilidad, mas no la fuerza; la lucha es decente, porque en mengua se tendría el triunfo obtenido por medios arteros.

Unamos, por una vez siquiera, nuestros esfuerzos, tan sólo para formar los grupos que han de rivalizar después en abnegación y patriotismo y que han de tener por lema luchar sin descanso hasta obtener: que la Carta Fundamental deje de ser letra muerta; que las leyes dejen de estar sólo escritas; que un atentado contra el individuo sea considerado como un ultraje a la sociedad.

No abandonemos el peso entero de la carga a los Gobernantes, que de seguro les abruma. Si logramos desterrar el egoísmo que hoy nos hace pensar sólo en el yo y olvidar a veces hasta los vínculos de

---

[5] Este gobernante era el General Bográn, que tenía un carácter caballeroso; y que, a haber estado rodeado de otros hombres, quizá habría sido un buen gobernante. En el momento que hablaba el Doctor Bonilla, no se había dejado oír bajo la Administración Bográn una sola voz de censura para su Gobierno; y tres meses antes había estado a punto de enviar a Omoa al Doctor Bonilla, Síndico Municipal de esta capital, y a dos de sus colegas.

la sangre, el espíritu de asociación vendrá, y con él la palanca más poderosa para hacer un buen Gobierno. No tendremos ya como único móvil para servir al país el sueldo con que nos remunera. Si hoy la envidia y la codicia nos impulsan a usar de todo medio para obtener un empleo, sin detenernos ante la calumnia de la mejor reputación, entonces nuestra emulación será ceder sin fingimiento el campo a los más dignos.

Persigamos ese ideal, y de seguro, en el curso de nuestra peregrinación, veremos surgir convertido en hecho hasta lo que hoy califican los escépticos de irrealizables utopías.

No muy lejos habremos caminado, y Centroamérica habrá reaparecido. Y veremos después a esa nación, que es no sólo el centro del nuevo Continente, sino del mundo entero, convertida en centro también del comercio y de la civilización. Entonces la democracia producirá sus frutos, y podremos enorgullecernos, como ciudadanos de un pueblo libre, de ser hijos de la América Central.

Entonces tendremos paz y prosperidad nacional. Pero no será la paz que envilece, sino la paz con la justicia y el derecho. Será la prosperidad en las ciencias, en las artes, en la industria, aunque nos falten las glorias militares, que no son la verdadera gloria de un pueblo.[6]

Tengo fe en el destino de Centroamérica, y en ver convertido en realidad ese hermoso cuadro que me he deleitado en describir.

Entonces, sí, seremos dignos de disfrutar la libertad proclamada el 15 de septiembre de 1821.

---

[6] Esta es la paz que hemos tenido bajo la Administración actual.

ELECCIÓN PRESIDENCIAL

I

En todos los países que disfrutan de los beneficios de la democracia, es asunto de vital interés la elección del primer Jefe de la República; y cuanto más afianzadas están las instituciones de un pueblo, cuanta más libertad disfruta, mayor es el empeño que tienen los ciudadanos en llamar al ejercicio del poder al hombre que mayor confianza les inspira.

Por el contrario, donde el Poder Ejecutivo es todo, a pesar de lo que en la Constitución esté escrito, y los demás poderes le están subordinados de hecho; donde una orden del Presidente de la República es obedecida sin contradicción, aunque pase por sobre toda ley, y su responsabilidad por los abusos que cometa es nula, el pueblo tiene verdadero poder sólo en el acto de elegir a su representante, si para ello se le deja la libertad suficiente; y el ciudadano debe considerar, en consecuencia, su derecho al sufragio como su joya más preciada, de la cual no debe desprenderse sino después de mucha reflexión y al estar convencido de que no la tira en el fango.

II

Entre nosotros, por desgracia, los pueblos, que tan celosos se muestran para elegir un Alcalde, a pesar de que sus funciones duran sólo un año y tiene superiores a quienes respetar y temer, han mostrado casi siempre escaso interés y hasta desidia, cuando se ha tratado de elegir al Presidente de la República, a pesar de que saben, por dolorosa experiencia, que cuando ocupa ese puesto un hombre egoísta, déspota y corrompido, nada tienen que esperar en bien del país, y sí tienen que temer la corrupción de las costumbres, la inmoralidad reinante en todas las relaciones sociales; la calumnia, dueña de la honra, de la libertad y hasta de la vida de los hondureños, vejados con injustos encarcelamientos y víctimas de todos los ultrajes; la riqueza pública convertida en patrimonio de los hombres del poder o de sus viles instrumentos; y, en general, la explotación del capital y del trabajo de todos en provecho de unos pocos.

En cambio, saben que se hará una buena elección si los ciudadanos, para dar sus votos, desoyen la voz de la mezquina intriga, desprecian las amenazas, rechazan con indignación el soborno; si se desprenden de todo móvil egoísta para atender al interés general; porque con seguridad entonces exigirán en su candidato, entre otras cualidades, las siguientes:

Rectitud y energía, pero sin llegar a la terquedad; tolerancia, pero sin llegar a la debilidad.

Con estas cualidades en el gobernante, el país logra ver mantenerse el orden público, y recoge el fruto de una paz llena de vida, sin necesidad de que la fuerza pública esté constantemente amenazando el pecho de los ciudadanos.

Y se ve desaparecer de la morada del que manda, sea el Presidente de la República, sea un simple Comandante local, la nube de cortesanos que, con su inmundo aliento, envenenan diariamente, a toda hora, la atmósfera que respira; y esgrimiendo con maestría las armas del chisme y la adulación, separan de su lado a los hombres honrados, que quizá ejercerían sobre él saludable influencia, logrando muchas veces, no contentos con esto, dar colorido de crímenes a simples muestras de desafección, y aun a los actos, a las palabras más inocentes, para sepultar a sus víctimas en horribles calabozos o hacerlas comer el duro pan del ostracismo: cortesanos que, llegado un momento de peligro, si sobrevienen las consecuencias de sus propios escándalos, perturbándose el orden público, son los primeros en huir despavoridos, si no cometen una infame traición, para presentarse al día siguiente, en el mismo lugar, testigo de sus bajezas, incensando un nuevo ídolo.

Abnegación y patriotismo

Y el gobernante sabe estimar como verdadera gloria el cumplimiento de sus deberes, sacrificando, si es preciso, su posición y hasta su vida: se consagra a procurar el progreso moral y material del país, promoviendo reformas, creando instituciones, realizando empresas de positiva utilidad —aunque dejen su nombre oscuro—, con preferencia a obras fútiles que le den fama halagando su vanidad, pero a costa del sudor y hasta de la sangre de los pueblos.

Honradez y economía en el manejo de los caudales públicos

Y se ven acrecentadas las rentas con la regularización de los ingresos en las arcas públicas: se ve nivelado el presupuesto, porque es desterrada la banda de parias que le tiene declarada cruda guerra; pudiendo pagar oportuna e íntegramente a los empleados, que pueden ya ocupar dignamente sus puestos y cumplir con fidelidad sus deberes; se ve al Gobierno cumplir fielmente sus compromisos con tanta delicadeza como la más escrupulosa casa de comercio, restableciendo así el crédito del Estado.

Y no puede darse el escándalo de que el Gobernante se halle en miseria al recibir el poder y lo deje siendo millonario, y deje también enriquecidos a subalternos convertidos en cómplices; por más que uno y otros, para lograrlo, hayan tenido que robar a más de un infeliz el pan que con sus hijos debiera llevarse a la boca.

Y hay en las arcas nacionales —distintas ya del propio bolsillo del que manda— considerables fondos de reserva, que, no invertidos en descabelladas empresas o en satisfacer la voracidad de infames agiotistas, sirven de garantía de conservación del orden público, sin tener que recurrir a odiosas exacciones contra los particulares.

Espíritu progresista

Y el gobernante, aunque no tenga gran ilustración, empeña sus esfuerzos en el desarrollo de la educación del pueblo, única base sólida del adelanto de un país, y ejerce sobre ella constante y eficaz vigilancia, a fin de que los establecimientos de enseñanza dejen de serlo sólo de nombre.

Y fomenta las industrias nacionales, y crea las que no existen, para dar patrimonio a los pueblos y trabajo a los que de él carecen.

Y fomenta y protege la inmigración, pero con la necesaria prudencia, sin dar lugar a que el extranjero sea, ante la ley y los funcionarios públicos, de mejor condición que el hondureño, y se ensoberbezca y desprecie a los nativos.

Respeto a las leyes y, sobre todas, a la Carta Fundamental

Y dejan de escucharse los gemidos del prisionero por razón de Estado, o víctima de tenebrosas intrigas, arrancado de su hogar en plena paz, obligándole a perder el fruto de su trabajo y a dejar en abandono y en miseria una numerosa familia.

Y puede el hondureño consagrarse a sus labores seguro de no ser interrumpido en sus faenas para exigírsele servicios ilegales, debido al capricho, al resentimiento o a la venganza de una autoridad cualquiera.

Y los empleados todos, aun los subalternos del Poder Ejecutivo, ejercen sus funciones con entera independencia dentro de la esfera de sus atribuciones; convirtiéndose de empleados del Gobierno en empleados verdaderamente nacionales, que están seguros de sufrir inmediato castigo por sus abusos, que no pueden invocar, aun desautorizadamente, el nombre del Jefe Supremo para amedrentar a los tímidos y rehuir el peso de la ley.

Y haciéndose imposible el despotismo, se reanima el amor a la patria, que ya merece llamarse tal, dejando de ser lo que había sido, un fantasma terror de nuestro sueño.

Firmeza de carácter, lealtad, consecuencia, solidez en sus convicciones.

Y no se ve al Gobernante a merced de un favorito o de la camarilla de aduladores: su política, tanto interior como exterior, es franca y sincera, y no impulsada por el viento que domina; y absteniéndose de prometer lo que no puede o no debe cumplir, da al Gobierno la respetabilidad que le es tan necesaria para captarse la estimación del pueblo hondureño y de las demás naciones.[7]

III

Tal es el ideal del buen gobernante a que los pueblos deben aspirar; y si no se puede de pronto verlo realizado, por ser difícil que se reúnan en un hombre tantas y tan bellas cualidades, deben procurar acercarse a él, haciendo recaer la elección en la persona en quien sobresalga el mayor número de esos dotes y de quien se tenga la

---

[7] Se ha visto el constante esfuerzo del Presidente Dr. Bonilla por revestirse de estas cualidades que en 1887 exigía para el gobernante.

seguridad de que no está contaminada con los vicios que le son contrarios; de quien se esté seguro que no es un vulgar ambicioso, un déspota, un avaro, un egoísta, vanidoso, sin ninguna ilustración, sin principios, defectos todos que, llevados al Gobierno, labran la desgracia del país.

Lográndose elevar al poder a un hombre que, según lo dicho, merezca la confianza de sus conciudadanos, y convencido el pueblo hondureño de que su acción y sus deberes no han terminado en los comicios, continúa vigilando la conducta del mandatario y sus agentes, haciendo respetar sus derechos por la unión de los hombres de bien contra los perversos, naturales aliados de los déspotas; si al ver que se comete un abuso contra cualquier ciudadano, sea amigo o enemigo, se reúnen los demás y protestan y hacen sentir a la autoridad que lo comete el peso de su indignación o su desprecio, de seguro el gobernante se afirmará en las cualidades que le adornan, adquirirá muchas que le faltan, corregirá muchos de sus defectos y siempre tendrá que dominar el ímpetu de sus pasiones.

IV

Mas en nuestro país, desgraciadamente, faltan importantes elementos que en otros se utilizan para ponerse de acuerdo los pueblos sobre el mejor candidato y hacer una acertada elección: falta ante todo la prensa, tan necesaria para formar la opinión pública. Sin ella, difícilmente se da a conocer el hombre de Estado, y el pueblo puede equivocarse, ya porque lo juzga a través del prisma del poder, ya bajo el influjo de los prejuicios. Sólo la prensa depura las reputaciones y exhibe en esqueleto las personalidades, discerniéndoles la corona del verdadero mérito, o arrancándoles la máscara con que se encubren.

La falta de tan sustancial elemento, podrían suplirla partidos políticos bien organizados, sin los cuales no hay en ningún país verdadero Gobierno parlamentario; pues la lucha entre esos partidos, que cuando más se empeña es al tiempo de la elección de Gobernante, contribuye en gran manera a dar a conocer los respectivos candidatos. Pero en Honduras, aunque esos partidos existen bien definidos, no tienen la organización necesaria para las luchas electorales; y más bien han caminado, de día en día, a su disolución, porque los

Gobiernos han mostrado siempre decidido empeño en nulificarlos, convencidos de que así nulificaban la oposición y evitaban que se hiciera luz sobre sus actos.

Dos son los partidos que, aquí como en todas partes del mundo, se disputan la dirección de los intereses sociales: el partido conservador, defensor del pasado, y el partido liberal, campeón del porvenir. Terribles encuentros han tenido entre nosotros, pero no se ha logrado que queden depurados, de manera que los ciudadanos tengan entereza suficiente para declarar, siempre y en todas circunstancias, a cuál de los dos están afiliados, sea su suerte próspera o adversa; que tengan fuerza de ánimo bastante para no pasarse al lado opuesto, o convertirse en incoloros, al primer peligro que el suyo corre.

Y sucede también que en uno y otro partido hay miembros extraños, heterogéneos: conozco más de alguno que se dice liberal, en quien podría reencarnarse bien un Torquemada; y hay muchos hombres a quienes se llama conservadores que, por sus ideas, por sus tendencias progresistas, son dignos de figurar en primera línea en las filas liberales.

V

Esta falta de organización y depuración de los partidos hace imposible que en tan solemne ocasión, como en la presente, sus miembros se reúnan en juntas locales y departamentales, y en convenciones generales, en que estuviesen representadas las varias secciones del país, para elegir el candidato respectivo, y discutir y resolver las bases de Gobierno que el electo deberá aceptar, que es el sistema practicado donde quiera que el verdadero Gobierno representativo es una verdad convertida en hecho.

Mas siendo indiscutible la conveniencia de este pacto entre electores y elegidos, y no pudiendo aquellos imponerlo, preciso es que de éstos parta la iniciativa. Conviene, pues:

Que los candidatos que estén dispuestos a aceptar los votos que se les ofrecen, interpretando los sentimientos de sus partidarios, pero sin faltar a sus propias convicciones, prescindan de la falsa modestia, impropia del verdadero republicano, y expongan un verdadero programa de Gobierno, que indique de una manera concreta y detallada las reformas que cada uno piensa introducir, los vicios que ha de extirpar, las empresas que ha de llevar a cabo, y sobre todo, los principios que le han de servir de guía; omitiendo palabras pomposas, que no tienen sentido preciso, y promesas vagas, cuyo cumplimiento es muy fácil de eludir.

En vista de esos programas, los pueblos consultarán: los antecedentes del candidato, para juzgar si es hombre de honor y de carácter incapaz de infringirlo; las personas de quienes estará rodeado y que serán llamadas a secundarle, para juzgar si tendrán suficiente energía y honradez para obligar al mandatario a cumplir sus compromisos, si tratase de desviarse de ellos, y no serán meros instrumentos, dispuestos a acatar su voz como la de un amo; sus vínculos con las demás Repúblicas de Centro-América, que sirvan de garantía de paz, pero bajo la base de la igualdad; y con tales antecedentes, decidirán quién merece sus votos para el próximo período.

Esta decisión de los pueblos se verificará, es de creerse, atendidas las manifestaciones sobre elección hasta ahora publicadas, principalmente entre dos candidaturas: la del señor General don Luis Bográn, actual Presidente de la República, y la del Licenciado don Céleo Arias. Sobre ellas me permitiré externar mi opinión.

VI

La proclamación de la primera de estas candidaturas implica la negación del principio de alternabilidad en el ejercicio del Poder.

Este principio, que en el año de 1883 fue una de las bases del programa que suscribieron los hombres más notables del país, entre ellos la mayoría de los Diputados al Congreso, al presentar entonces como su candidato al General Bográn, fue en aquella fecha aceptado, y ha sido después mantenido con calor por el mismo señor Bográn en ocasiones solemnes.

Para hacer mejor conocer al pueblo hondureño su decisión, el señor Bográn reunió, en enero próximo pasado, una Junta de notables, de las principales poblaciones de la República, ante la cual ratificó su resolución, con carácter de irrevocable, de no aceptar su reelección para el próximo período.

En esa ocasión, en que me cupo la señalada honra de tener la misma opinión que el señor Bográn, la cual conservo, se expresó él con tanta elocuencia, hizo palpar tan claramente los inconvenientes de su reelección, demostró con tan poderosas razones las ventajas de la alternabilidad, que no encontré ningún argumento nuevo que hacer en apoyo de nuestra común opinión. Entonces, a pesar de las objeciones que varios individuos de la Junta le hicieron y que él contestó victoriosamente, la Junta por mayoría de votos en decisión final, acordó dirigir sus trabajos en favor de la continuación del señor Bográn en el poder; pero él no retiró ni ha retirado todavía sus declaraciones en contrario.

Con tales antecedentes, en mi entender, se hace preciso que el pueblo hondureño sepa a qué atenerse, y no se equivoque interpretando el silencio del candidato por aceptación; porque esa equivocación haría infructuosa la elección, y entre otros males, causaría al país dos muy dignos de tomarse en cuenta.

Por una parte, si el Congreso no da posesión al electo en noviembre próximo, el poder continuará ejerciéndose, según la Constitución, por el Secretario de Estado en el Despacho de la Guerra, creándose una situación transitoria, que podía hasta poner en peligro el orden público, mientras se practicaba nueva elección. Y por otra, se causaría un innecesario y considerable gravamen al Erario Nacional, pues el Congreso tendrá que prorrogar sus sesiones hasta dar posesión al nuevo electo, o suspenderlas para volver a reunirse dos o tres meses después, devengando, como sería natural y justo, nuevos viáticos.

Mas si el General Bográn ha variado su resolución, si está dispuesto a aceptar la presidencia en el nuevo período, ya porque las súplicas y observaciones de sus amigos le impulsen a ello, ya porque hayan variado las circunstancias y crea conveniente al país su continuación en el poder, conviene que lo declare ante el pueblo hondureño, para que cese la duda que subsiste en los ánimos de muchos, aun entre sus amigos.

Y consecuente con la teoría que anteriormente he venido desarrollando, creo que en este último caso el General Bográn debería agregar a su declaración el programa de su administración en el nuevo período, o por lo menos, la indicación de sus propósitos: si continuará ejerciendo el poder tal y como lo ha ejercido hasta hoy, o si ha rectificado algunos errores y modificado sus tendencias; si continuará rodeado de los mismos hombres que le han acompañado en este período, o llamará elementos nuevos al Gobierno; y, en general, si su política tanto interior como exterior, sufrirá variación, o continuará la misma que ha observado.

VII

La candidatura del señor Arias, como cualquiera otra distinta de la del actual Gobernante que se presentase en favor de alguno de varios hombres que podrían dignamente ejercer el poder, salva el principio de alternabilidad, que reportaría inapreciables ventajas al país al ser implantado, y mucha gloria al mandatario que lo apoyase.

Esta ventaja, los antecedentes del señor Arias, y las ideas que profesa, que me son bien conocidas, me inclinan en favor de su candidatura; y siento valer tan poco, que apenas pueda aumentar el peso de la balanza en su favor.

Como el señor Arias ha ejercido en otra época el poder, y es hoy tan distinto de lo que era entonces el estado social de Honduras, que probablemente habrá modificado muchos de sus sentimientos y rectificado algunas de sus ideas; es esta una razón más para que, si acepta la candidatura, dé el programa que creo tener demostrado es tan necesario para todo candidato, a fin de que, tanto sus amigos como sus adversarios de entonces, conozcan lo que siente y lo que piensa en la actualidad.

Juzgo tanto más necesario para el señor Arias dar este paso, cuanto que estoy convencido de que ninguno de los amigos de su candidatura la proclamamos, sino porque tenemos confianza en que será consecuente con sus principios y sabrá corresponder a las aspiraciones que para el bien del país en él tenemos cifradas; que estoy convencido de que hay entre sus partidarios hombres de energía bastante para convertirse los primeros en adversarios suyos, prescindiendo de todo vínculo personal que con él pudiera ligarles, si colocado en el Poder fuese inconsecuente con su programa.

VIII

De propósito me he abstenido de hacer consideraciones sobre la personalidad de las dos candidaturas. Considero ese para mí terreno vedado, en el cual no entraré sino por necesidad de la defensa. La conciencia de los pueblos sabrá discernir entre ellas.

Tampoco he querido ocuparme sobre la importancia mayor o menor de las manifestaciones en favor de cada candidatura. Me refiero, no a la importancia numérica, sino a la importancia intrínseca. El sano criterio de los hondureños sabrá apreciarlas.

Réstame manifestar: que la presente campaña electoral se ha inaugurado bajo los auspicios de la libertad, bajo la fe en las promesas del Gobierno; y quiero explicarme sobre lo que yo entiendo por la libertad, de que ahora estoy usando:

Absoluta no intervención de las autoridades civiles y militares y demás empleados públicos, no sólo al tiempo de las votaciones, sino también en todos los actos, proclamaciones y manifestaciones de cualquier género, referentes a la elección.

Con mayor motivo, ausencia de violencias, amenazas, promesas de empleos públicos, u otros medios semejantes de soborno que las autoridades pudieran usar para conseguir votos en favor de una candidatura, o retirarlos de otra.

Imprenta libre para la publicación de todos los escritos de la oposición, aunque se exija su pago, conforme a tarifa; dándoles preferencia, según las reglas establecidas en la Tipografía Nacional, sobre los escritos en favor de la reelección, principalmente, si la impresión de éstos es gratuita.

Seguridad, de parte de los opositores, de no ser molestados ni antes de practicarse la elección, ni durante el período presidencial próximo, en caso de ser vencidos, por sus opiniones, escritos, manifestaciones o votos en favor de su candidato, a menos que estos actos sean justiciables, conforme a la ley, ante los Tribunales comunes; de que en ningún caso lo serán con pretextos fútiles o bajo capa de legalidad, llamando, por ejemplo, al servicio a los milicianos que no han acostumbrado llamar, o sin que les toque su turno, o teniendo justa excusa, o exigiéndoles el concurso de sus brazos para los trabajos públicos, aunque a ello no estén acostumbrados, y haciendo en su contra odiosas distinciones, o encarcelándolos militar y gubernativamente.

Si esta libertad, así bien entendida, es la que impera en la presente campaña electoral, podremos exclamar con júbilo, unidos todos los hondureños, sea cual fuere el resultado, el 30 de noviembre próximo:

¡MUERA EL CANDIDATO!

¡VIVA EL PRESIDENTE!

Tegucigalpa: 30 de junio de 1887.

ELECCIÓN PRESIDENCIAL EN HONDURAS

La candidatura Bográn vencida en el terreno de la discusión

NECESARIA ACLARACIÓN

Como en la advertencia indico, pensé que este escrito podría imprimirse en forma de folleto, pero no se ha logrado tampoco, como se demuestra por los documentos a que en seguida hago referencia.

Para hacer el último esfuerzo a fin de lograr la impresión, escribí al señor Director de la Tipografía Nacional la carta que dice: — "Tegucigalpa, julio 30 de 1887.—Señor Director de la Tipografía Nacional.—Presente.—Muy señor mío:—Como encargado de la edición del Manifiesto del Licenciado don Céleo Arias, y estando ya corregidas las pruebas, me tomo la libertad de proponer a Ud. se sirva mandarlo tirar como trabajo extraordinario, a fin de que pueda salir el día de mañana, cargando el aumento de precio al pasarme la cuenta. Igual proposición me permito hacerle para la formación y tiro de mi réplica al redactor de 'La Nación', en forma de folleto, que entregué a Ud. el martes por la noche y que, según me ha dicho, no podrá publicarse en esa imprenta, por muchas ocupaciones que en ella hay; y en caso de parecer a Ud. aceptable, suplícole se sirva decirme si podré recibirlo ya impreso, con absoluta seguridad, en toda la semana entrante. En caso contrario, suplico a Ud. se sirva devolverme mi expresado folleto, con la razón al pie de no poderse publicar por motivos que Ud. tenga a bien expresar, porque aunque me sea más gravoso, lo que deseo evitar, tendré que enviarlo al exterior para su impresión.

—Con placer me ofrezco de Ud. muy seguro servidor.

—P. Bonilla."

A consecuencia de esta carta, el señor Director de la Tipografía puso el mismo día al pie de mi folleto la constancia que dice: — "Señor don Policarpo Bonilla.—Muy señor mío:—Como dije a Ud.

ayer, no será posible que el anterior folleto se publique esta semana, pues como la imprenta está muy ocupada con los periódicos y el presupuesto, etc., gracias que se haya podido hacer el Manifiesto del señor Licenciado Arias, el cual ya se hubiera tirado, si hubiera habido lugar en la prensa; pero como le aseguré, estará el miércoles, tan pronto salga 'La Nación', que se puede disponer de la prensa por unas horas: mañana, domingo, se tira 'La República'; el lunes el presupuesto; el martes 'La Nación', y el miércoles el programa, habiendo necesidad para tirar éste, que suspender 'La Gaceta' esta semana.—En cuanto al presente folleto, yo no puedo asegurarle, por el mucho trabajo que hay ahora en esta imprenta, cuándo podré imprimirlo, aun cuando ya dije a Ud. que lo haría en la primera oportunidad, y que ésta no pasaría de unos quince días.—Soy de Ud. afectísimo S. S.—Ramiro Fernández."

No inculpo a este empleado, que siempre ha dado muestras de imparcialidad y de honradez, pero que depende en absoluto de un superior cuyas órdenes obedece estrictamente. Entre los trabajos pendientes a que él se refiere figura el periódico "La Nación", bisemanal consagrado exclusivamente a la causa de la reelección, el cual se imprime gratis y como trabajo preferente a cualquiera otro, aunque sea ostensiblemente oficial. Para dar preferencia a este escrito de la oposición, aunque pagado, habría sido preciso el consentimiento del superior, lo mismo que para hacerlo imprimir con trabajo extraordinario.

No queda, pues, ningún medio a la oposición de hacerse oír. Si no fueran ya demasiadas las pruebas que hay de que la opinión pública rechaza la reelección, bastaría para demostrarlo el terror que de manera tan manifiesta tienen los reeleccionistas a toda discusión: demuestra el propósito de falsear la opinión pública, por ahora; y de llegar probablemente al tiempo de las votaciones, hasta ejercer la violencia descarada sobre los electores, evitando que sean denunciados los abusos en el intermedio cometidos. Sirva esta manifestación de protesta anticipada ante el pueblo hondureño y ante el Partido Liberal de Centro-América, ya que en su oportunidad se carecerá de medios para hacerla. Si lo contrario sucede, también sabrá la oposición hacer justicia.

Aunque la lucha en que el Partido Liberal hondureño ha entrado es a todas luces desigual, tendrá la paciencia que le dan la conciencia de su derecho y la fe en la justicia de su causa, para mantenerse firme en su puesto, sin salirse del terreno legal, como lo procuran sus adversarios, hasta el primer domingo de septiembre próximo.

Este escrito que ha necesitado ya de dos advertencias, necesitará probablemente de un epílogo. En el caso de no poder escribirlo su autor, confía en que lo hará a su nombre cualquiera de sus correligionarios en el exterior.

Tegucigalpa: 31 de julio de 1887.

ADVERTENCIA

El artículo que se publica en este folleto fue escrito para ser inserto en las columnas de "La Nación", por ser una réplica a las refutaciones de su redactor, contra el que anteriormente publiqué sobre "Elección Presidencial", y estar en consonancia con el programa del mismo periódico; y principalmente porque el señor redactor, sabiendo por mí que trataba de replicarle, me pidió varias veces que le entregase mi escrito.

El sábado, 23 del presente, lo puse en sus manos, fue leído por él en mi presencia y no hizo ninguna objeción para insertarlo; quedando sólo por resolverme si lo haría en el número de hoy o en el del viernes próximo; mas después el señor redactor me ha manifestado que por ser muy largo el artículo y por contener ciertas expresiones muy fuertes, no le era posible insertarlo. Si la segunda de estas causales es cierta, los lectores juzgarán. En cuanto a mí, encuentro otra explicación para esa negativa.

El artículo, mal escrito, con muchas incorrecciones quizá, lleva sin embargo el sello de la verdad: consigna hechos innegables y contiene apreciaciones que están en la conciencia y al alcance de todos los hondureños, aun de los de más escasa instrucción. Teniendo en cuenta estas consideraciones, es creíble que el señor redactor haya comprendido que si en el mismo número que lo publicase se ocupaba de refutarlo, podría ridiculizar mi persona o mi modo de escribir, como lo hizo en la otra refutación; pero no podría oscurecer verdades claras que no son obra mía.

Por el contrario, publicado en folleto, al refutarlo podrá tomar párrafos o palabras aisladas, que le permitirán las digresiones, sin entrar en el fondo de la cuestión, porque tal vez quien lea "La Nación" no será el mismo que haya leído el folleto.

Este proceder de parte del redactor del principal órgano de la causa de la reelección, dará lugar a creer que esa causa está perdida en el terreno de la discusión; ya que, procediendo con rectitud caballeresca, se abstendrá en lo absoluto de ocuparse de los escritos de la oposición, y tendrán que continuar los reeleccionistas escribiendo bajo el anónimo, que es la más clara señal de la impopularidad de su causa.

En el folleto va inserto el artículo intacto, habiendo preferido poner en forma de "Notas" las observaciones o aclaraciones que con fecha posterior he creído convenientes.

Tegucigalpa: julio 26 de 1887.

ELECCIÓN PRESIDENCIAL

La falta de costumbre en nuestro país de expresar con entereza las propias ideas, hace que todo aquel que levante su voz en contra de la corriente, sea el blanco de los tiros de todos aquellos que, estando acostumbrados a seguirla, encuentran desagradable el sonido de esa voz. Es lo que me ha sucedido con la publicación de mi folleto sobre elección presidencial.

En "La Nación", ya bajo la responsabilidad de su redactor, ya bajo el anónimo, ya directa, ya indirectamente, se ocupan de refutarlo. Replicaré en una serie de artículos[8] a todo lo que en interés de la causa que defiendo, crea merecer réplica, haciendo a un lado todas las injurias que a mi persona se refieren; y procuraré además tratar sobre algunos de los principales argumentos que en pro de la reelección he visto o vea publicados.

I

"LA NACIÓN" Y MI FOLLETO

Antes de comenzar la réplica debo dar algunas explicaciones sobre la personalidad del redactor de ese periódico. No es hondureño, y allá en España, su patria, según él mismo ha confesado, es monarquista. Por ello, no soy de los que le inculpen por sus opiniones, que con tanto calor defiende.

Naturalmente quisiera ver implantado en todo Centro-América aquel sistema de gobierno; y si no aboga manifiestamente por él, es que teme el ridículo, por lo cual se conforma con defender el que más se le parezca: es lógico, pues, que un monarquista sea en una República ultraconservador.

---

[8] Según lo consignado en la advertencia, no volveré a ocuparme de estos asuntos, en artículos dirigidos a "La Nación". Cuando crea conveniente la réplica, la haré en folleto u hoja suelta, si quedan a la oposición libres esos medios, como es de esperarse, para la defensa de su causa.—N. del A.

En el editorial del número 81 de "La Nación", su redactor demuestra, ante todo, su disgusto al ocuparse de mi expresado folleto, porque todos sus conceptos están, según dice, "como cubiertos con una gasa"; y parece que hay algunas personas que se consideran zaheridas por mi publicación, sin duda inclinadas a ello por la opinión del periodista que ha echado sobre sus hombros la empresa de la reelección. Desearía que tanto lo que el señor redactor afirma como lo que dice, fuese cierto, pues entonces creería que mi trabajo no ha sido infructuoso.

Eso demostraría que la gasa que cubre mis apreciaciones, si la hay, es suficientemente transparente para que, sin levantarla, se encuentren retratados todos aquellos a quienes su conciencia dice que están contaminados con los vicios que me propuse denunciar, o adolecen de los defectos que quise reprobar, o son responsables por los actos que han sido objeto de mi execración; por más que al escribir no haya pensado en nombres, o haya recordado muy pocos; por más que no haya concretado épocas, ni hecho indicación alguna directa que servir pudiera de guía al criterio público para encontrar a las personas que pueden creerse lastimadas.

Y mayor sería mi satisfacción si con tales circunstancias, habiendo guardado el decoro que la prensa exige, los hondureños, buscando realidad a mi pensamiento, señalan con el dedo a los culpables; pues eso probaría que he acertado a tocar en las llagas que corroen nuestra sociedad, y siéndole conocidas al pueblo, se prepara a ponerles remedio.

Mucho honor sería para mí haber logrado ese objeto, pues aunque no tengo pretensiones de satírico, ya que ni de escritor las tengo, probaría que escribí teniendo presente estas palabras de Fígaro:

"A nadie se ofenderá, a lo menos a sabiendas; de nadie bosquejaremos retratos; si algunas caricaturas por casualidad se parecieren a alguien, en lugar de corregir nosotros el retrato, aconsejamos al original que se corrija; en su mano estará, pues, que deje de parecérsele".

Mi propósito, al escribir mi folleto, fue emitir, cumpliendo con un deber de ciudadano, mi pobre juicio sobre los medios de hacer una buena elección, y las ventajas que de ella resultan, y señalar las consecuencias desastrosas de una mala. Pero no podía ni podré, imitando al señor redactor, asegurar que mi candidato tiene todas las buenas cualidades para ser el mejor de los gobernantes, y carece en absoluto de defectos.

Por el contrario, he afirmado terminantemente que eso es imposible. El mismo candidato de "La Nación" (el candidato nacional) tiene de seguro suficiente modestia para estar de acuerdo una vez más conmigo, y rechazar las exageradas afirmaciones de su panegirista. ¡Tales son los inconvenientes de la adulación!

Y de mi proceder deduce el señor redactor que "yo he abrazado con frialdad y hasta como por compromiso la candidatura Arias". Pero no ha acertado, y parece que de propósito ha incurrido en error: si no he colmado de elogios a mi candidato, como es costumbre, creyéndose engañar con ello a los pueblos, es porque siento repugnancia invencible por la adulación, aunque no se refiera al que manda, aunque se refiera sólo al que podrá llegar a ejercer el poder. Así como en religión, en política detesto la idolatría.

Al proclamar un candidato sigo viendo en él un hombre, y no lo convierto en semidiós, porque no me siento dispuesto a postrarme después de hinojos ante él.

Como hombre reconozco en él cualidades y defectos; y toda mi esperanza para el bien del país se cifra, como lo he manifestado, en que concurran en su persona circunstancias especiales que permitan al pueblo ejercer sobre él constantemente su influencia y vigilancia, alentándole en el camino del perfeccionamiento y retrayéndole de las sendas extraviadas.

Muestra "La Nación" decidido, aunque vano empeño, en combatir mi opinión de que en Honduras existen dos partidos políticos bien definidos, por más que no estén bien organizados y depurados.

Su colega, el periódico ministerial "La República", parece que no participa de la misma opinión del señor redactor de "La Nación".

En el editorial del número 166[9] bajo el epígrafe "Guatemala", y ocupándose de apreciar la conducta del señor Presidente de aquella

---

[9] Véase también la gacetilla, bajo el mismo epígrafe, del número 165 de "La República", al ocuparse de la llegada del Doctor Montúfar a Guatemala. ¿Cuál de los dos órganos es la expresión de los verdaderos sentimientos del actual Gobernante?—N. del A.

República en vista de su decreto de 26 de junio, reconoce de una manera clara la existencia de dos partidos, con los nombres mismos que yo les he dado: uno, partido del pasado, y otro, partido del porvenir. Sin dejar de recomendar a los escépticos la lectura de ese editorial, citaré algunas de sus más importantes declaraciones.

Dice "que a pesar de pertenecer el General Barillas a los hombres de generoso esfuerzo y patriotismo de la revolución del 71, se pretendía que rompiese su liberal programa, y se convirtiera al partido reaccionario y se echara en brazos del bando del retroceso, de los aristócratas y de los fanáticos que han explotado siempre ese mismo pueblo y vivido de su sudor y sangre". Dice que el General Barillas en su Manifiesto "ha dado preciosa prenda al partido liberal de Centro-América; y por eso ha dicho: soy hijo del pueblo; no olvido sus vejaciones y sus martirios, y no permitiré que se repitan".

De seguro el señor redactor de "La Nación" rectificaría sus ideas y participaría de la opinión de su colega si hubiese leído la Historia de Centro-América, especialmente la escrita por el Doctor Montúfar, pues en ella aprendería que desde nuestra independencia quedaron formados los partidos liberal y conservador, tal y como hoy existen, y que los liberales y conservadores de Guatemala han estado siempre y están hoy íntimamente ligados con los de Honduras y de las demás secciones, como miembros de un mismo cuerpo.

Pero mientras tanto se instruye el señor redactor en nuestra Historia patria, no es extraño que para defender su causa se apoye en esa muletilla de que tan bien se ha servido el partido conservador después de la gran revolución del 71, desde que pasaron para no volver los tiempos de Carrera; y digo que no es extraño, porque él mismo lo confiesa; su convicción se ha formado en vista de los muchos hombres de ambos partidos, o valiéndose de sus propias palabras, "de los muchos liberales y conservadores que durante la Administración Soto y aun hoy mismo han servido y sirven en primera línea al Gobierno, sin que jamás se hayan encontrado sus principios".

Bien claro se ve que el señor redactor no ha tenido tiempo de fijarse en que los hombres que han sido objeto de su estudio son aquellos que, aunque forman la mayoría del partido conservador, lo han convertido en planta parásita, que sólo se sustenta al lado del poder; que a ese precio consienten gustosos en oscurecer su nombre cuando la ocasión lo exige, y hasta en engalanarse con el de liberales; por más que no olviden su origen, que no pierdan sus tendencias, que prosigan su trabajo de zapa para hacer retrogradar al país a la época en que sin disfraz ejercían el poder, y continúen en secreta inteligencia, en íntimo consorcio, con los reaccionarios de todo Centro-América.

Es natural, pues, que en la actualidad, que ven consolidándose el partido liberal en la mayor parte de las secciones de la América Central, sean muy pocos los hombres que, fieles a sus convicciones, se atrevan a decir: "yo soy conservador"; es natural que la mayoría de este partido se esfuerce más que nunca en querer demostrar que no se diferencian en el fondo de los que siempre, en todas circunstancias, ya sea en el poder, ya en lucha contra él, han exclamado y exclaman con orgullo: "somos liberales".

Los mismos hombres que niegan la existencia de los partidos políticos en Honduras, no pudiendo negar que existen dos agrupaciones antagonistas, han dado en llamarlas partidos personales. El señor redactor en esto también los secunda.

No entiendo a la verdad muy bien lo que quieren significar con esa expresión. Si con ella quisieran decir que esas agrupaciones se han dado o quieren darse un Jefe, depositario de su confianza, y encargado de representar y dirigir los intereses del partido, reconozco sin dificultad que es cierto; pues los liberales, o valiéndose de la expresión de nuestros adversarios, los que nos llamamos liberales, declaramos con franqueza que el señor Arias es nuestro Jefe, y como a tal lo proclamamos candidato para la Presidencia, y estamos seguros de que él no rechaza aquel título que considera honroso.

Pero ¿quién es el Jefe de los que se llaman conservadores? Debe creerse que lo es el actual Gobernante, el General Bográn, puesto que la mayoría de ellos apoya su reelección; o por lo menos como tal lo consideran; por más que, siguiendo su conocido ardid de guerra, quieran ocultar verdad tan manifiesta. ¿Admite el General Bográn el título de Jefe del partido conservador, o rechazará la oferta avergonzándose de llevarlo? Estamos aún por saberlo.

Se pronuncia el señor redactor contra los programas de los candidatos.

Uno de sus argumentos es "haber visto en otros pueblos una y mil veces presentarlos en los momentos de encargarse de los destinos públicos". ¡Extraña lógica! Si tanto lo ha visto hacer, es una razón de más para que entre nosotros se haga, pues un uso mil veces ratificado no puede ser un mal uso.

El otro argumento es el de no haberse consultado previamente la voluntad de los candidatos. Para que tuviese fuerza sería preciso que el pueblo hondureño estuviese compuesto de niños. ¿Quién será aquel que crea que un hombre puede permitir que su nombre sea proclamado con notoriedad para un puesto público y expuesto hasta los insultos de sus contrarios, sin que por lo menos tácitamente confiese que está resuelto a aceptar ese puesto?

Al menos respecto de nuestro candidato, tal es nuestra convicción y creemos también que dará su programa[10] sin arredrarse por la tormenta de injurias que sobre él se descargará, de que ya hay preludios.

En cuanto al candidato de los reeleccionistas, hay sí la diferencia de que antes ha declarado como su resolución irrevocable que no aceptará el poder en un segundo período; pero como gran número de hondureños, y hasta empleados superiores que le son muy allegados, insisten en presentarlo como candidato, para evitar los daños que su no aceptación causaría al país, está más obligado que cualquiera otro a expresar su última resolución; por más que en contrario demuestren grande empeño los que se dicen sus mejores amigos, a quienes se ve convertidos, como se dice de ciertos fanáticos, "en más papistas que el Papa."

---

[10] En los momentos de entregar este folleto en la Imprenta, ha llegado con el mismo fin un Manifiesto del señor Arias que contiene el programa a que arriba hago referencia. Conociendo la oposición la entereza de carácter de su candidato, tenía razón en confiar y estar segura de que no dejaría lanzarse a sus amigos políticos a la lucha, quedándose él a cubierto de los fuegos, para aprovecharse de las consecuencias, si le fuesen favorables. Cada cual en su escala, hemos seguido y seguiremos todos su ejemplo. Que los amigos de la candidatura del señor Arias hagamos compromiso de honor de defender esa bandera; y protegidas por ella, si el triunfo corona nuestros esfuerzos, continuemos unidos y resueltos a convertir en realidad ese programa, sean cuales fueren los obstáculos. —N. del A.

Se censura a la oposición que defienda el principio de alternabilidad y hasta se la tacha de poco respetuosa a la Carta Fundamental, porque considera perjudicial la reelección para un segundo período que aquella permite; y se cita como argumento lo que en los Estados Unidos pasa, en lo cual no ha andado muy acertado el señor redactor de "La Nación"; porque precisamente la oposición es quien imita al pueblo americano. Allá la Constitución permite la reelección sin límites; y sin embargo el pueblo ha dicho: "Nadie podrá ejercer el poder supremo en más de dos períodos," y de ello se han visto ciertamente repetidos ejemplos. Nosotros, entre los liberales hondureños y sus hermanos en todo Centro-América.

Pues, no haríamos más que imitar a aquel gran pueblo, poniendo un límite en la práctica a nuestra Carta Fundamental, diciendo: "Nadie podrá ejercer el poder supremo en más de un período." Repito, en esta ocasión, que nuestra doctrina está apoyada en la explícita opinión del candidato de nuestros adversarios. Recuerdo que al hacer sus declaraciones siempre ha dicho: "Bien sé que la Constitución permite que me reelijan: saben todos que queriendo, podría hacerme reelegir; pero lo creo inconveniente al país, y sobre todo, deseo dar un ejemplo que ningún gobernante se atreverá después a contrariar, y quedará definitivamente implantado en Honduras el principio de alternabilidad."[11]

Si sus proclamadores, pues, quieren contrariar su decisión, reproduzcan sus argumentos, que bien recuerdo, y combátanlos si pueden. Si no, tengan presente que, si censuran nuestras opiniones a este respecto, que si emplean contra nosotros la sátira y hasta el ridículo, usarán armas de doble filo, que herirán primero a su candidato, cuyas opiniones, sin deferencia alguna, nosotros sostenemos.

---

[11] He podido reproducir textualmente estas hermosas palabras del general Bográn, porque fiando poco en mi memoria, las anoté en mi cartera, con otras muchas de sus importantes declaraciones. Lo hice, tanto después de la Junta de Notables, reunida el 6 de enero, como de un banquete que dio el 30 de noviembre último el que hoy es redactor de "La Nación".
Recuerdo que en el banquete a que aludo, solamente el señor Bográn, el periodista Carlos Selva y yo estuvimos de acuerdo en sostener la doctrina por que hoy combate la oposición. —N. del A.

Y no queriendo por ahora insistir en la discusión del principio que la oposición sostiene, me limitaré a agregar a la autorizada voz del primer Jefe de la República, la opinión del distinguido publicista don Florentino González, que el señor redactor de "La Nación" tuvo cuidado de no citar, cuando en su refutación copió, con pocas, pero sí sustanciales alteraciones, el párrafo que dice:

"Es un error creer que la libertad, etc.," que puede verse en la página 301 de su obra Lecciones de Derecho Constitucional. El señor González, pocas líneas atrás dice: "Permitir la reelección es la medida más funesta que puede adoptarse; se da al Presidente un motivo para ocuparse más en asegurar los medios de ser reelegido, que en las tareas de la Administración, de que pueden resultar beneficios positivos al país."

Otra vez enseña el señor redactor su falta de conocimiento, muy disculpable como ya he dicho, de nuestra Historia patria. Dice que las promesas que hoy haga el señor Arias, sólo podrán estar garantizadas por los hombres del 72 y del 73, como que son los mismos oposicionistas de hoy. Y en otros números de su periódico ha censurado con acritud y hasta injuriado a los hombres de entonces, como él nos llama. Creo, pues, conveniente llamar su atención sobre el grave error en que ha incurrido.

De los hombres importantes que rodearon al señor Arias en su Administración, muchos han muerto, otros están ausentes del país, otros se han retirado de la política y gran número ha estado o está hoy al servicio del actual Gobernante, cumpliendo lealmente sus deberes como militares. Citaré entre otros al General Gálvez, ex-Ministro de la Guerra; al General Williams, Comandante del departamento de Choluteca; al General Ordóñez, Comandante del departamento de Colón; al General Reina, miembro del Tribunal Supremo de la Guerra; al General Matute, Comandante del departamento de Comayagua; y al Coronel Casco, Comandante de Nacaome. De seguro hay menos hombres de entonces en las filas de la oposición y tendrá que convenir el señor redactor, en que el partido liberal que hoy proclama al señor Arias, está formado en su mayor parte de hombres nuevos, en general jóvenes,[12] muchos de ellos, hijos de los que entonces eran adversarios de aquél.

Tome nota de esta circunstancia, pues demuestra que este partido está lleno de vida y llamado a ensancharse cada día.

No niego el ofrecimiento del General Bográn de ser neutral en esta cuestión; pero estoy seguro de que no estamos de acuerdo con el señor redactor sobre lo que significa la neutralidad. No bastaría que el General Bográn se abstuviese de dar órdenes contra los opositores: preciso es que use de su autoridad para corregir los abusos de los empleados subalternos. El señor redactor, por el contrario, se conformaría con lo primero; pues ha sostenido la pretensión de que todo empleado público está obligado a ser reeleccionista, so pena de pasar por inconsecuente y desleal y poco le faltó para decir que traidor. No sé cómo esta pretensión pueda conciliarse con la de que no hay en la actualidad candidatura oficial. Llevando hasta sus últimas consecuencias la pretensión del señor redactor, resultaría: que los empleados, para cumplir su deber de ser reeleccionistas, estarían obligados a demostrar el mismo o mayor celo que para cumplir los demás deberes de su cargo.

Y bajo ese supuesto ¿quién puede concebir hasta dónde llegarían en su afán por hacer prosélitos en favor de la candidatura obligada, e impedir o restringir, no logrando lo primero, toda manifestación en favor de otras candidaturas?

Con tan perniciosa doctrina sostenida por el órgano de la reelección, que debe creerse oficial porque no ha sido oficialmente combatida, ¡qué valor tienen las actas en favor de la reelección, que en su mayor parte han sido levantadas oficialmente por las municipalidades, o encabezadas por los miembros de esas

---

[12] No son niños, como pretende el redactor de "La Nación." Son jóvenes electores conforme a nuestra Carta Fundamental, como queda demostrado por las partidas de nacimiento, cuyos certificados le han presentado y le presentarán varios de los firmantes del acta de proclamación de esta ciudad en favor del señor Arias, a quienes se ha negado aquel carácter; documentos que creo no se negará a insertar el señor redactor, y que servirán de regla para apreciar otras afirmaciones de él, relativas a suposición de firmas, etc., en la misma acta. —N. del A.

corporaciones, por las autoridades militares, por los empleados de hacienda, etc., etc.?[13].

Mas, de entrar en este terreno, tendría que dar mucha mayor extensión a este artículo. Reservo para otros señalar los muchos vicios de que esas manifestaciones adolecen, y denunciar oportunamente los abusos, de que la oposición irá tomando nota, y de que haya sido o sea víctima, con pruebas en la mano.

POLICARPO BONILLA[14].

Tegucigalpa, 21 de julio de 1887.

---

[13] Sin duda inspirados por esta doctrina, los capitanes de compañía de milicianos y oficiales de las mismas, en la parada general del primer domingo de este mes, diciendo que por orden superior, o por lo menos dejándolo entender, hicieron una cortés invitación a sus respectivos subalternos para firmar un acta a favor de la reelección. Los milicianos, que ascendían próximamente a quinientas plazas, con excepción de unos veinte o treinta, contestaron con energía nada común: "que darían su voto por quien quisiesen el día de la elección." Verdad es que en esa ocasión los milicianos, por ser quizá en gran número del recinto de la ciudad, se colocaron a la altura de su derecho; pero no es de creerse que en las aldeas o en las demás poblaciones de la República, puedan resistir con igual energía personas sencillas y tímidas, a invitaciones semejantes, aunque se hagan en términos igualmente corteses.
Reconocemos que el Gobierno ha dado una prueba de neutralidad con la circular del Ministerio de Gobernación del 18 del presente; pero desearíamos verla también dirigida por el Ministerio de la Guerra, recomendando igualmente la más absoluta abstención de intervenir en los asuntos electorales, porque es indudable que las autoridades militares tienen más medios de acción que cualquiera otra, y a sus órdenes se encuentra la mitad de los electores.—N. del A.

DISCURSO DE INCORPORACIÓN EN LA ACADEMIA DE HONDURAS

SEÑORES:

El Consejo Académico me ha conferido una tan grande como inmerecida honra al nombrarme individuo de número de la Academia Científico-Literaria de Honduras.

Convencido estoy de que puestos de esta clase sólo deben ser desempeñados por hombres que reúnan a su capacidad natural una sólida instrucción en las ciencias o en las artes, o por lo menos se encuentren en posibilidad de dedicarse a cultivarlas con empeño y afición. Yo, al aceptarlo, muy lejos he estado de creer que reúna tales condiciones. Por más que sea literaria la profesión que logré obtener, después de consagrarle los mejores años de mi vida, ya sea por los pocos conocimientos en ella adquiridos, o por las condiciones del país, he tenido necesidad de dedicar también mi trabajo a otras ocupaciones muy extrañas a las letras, por no decir reñidas con ellas.

He aceptado porque comprendo que la organización de este Cuerpo puede ser benéfica para el país, y he tomado en consideración que, exceptuando mi carencia de dotes, muchos de mis colegas se encuentran en igualdad de circunstancias, obligados a prestar mayor atención a la lucha por la vida que a los estudios científicos o literarios; he aceptado con el firme propósito de abandonar el puesto, una vez lleno el número señalado por la ley, a otro que dignamente pueda desempeñarlo, y resuelto, mientras tanto, a cumplir con los deberes que él impone, en la medida de mis fuerzas.

En estos momentos, por vez primera, me someto a prueba en el cumplimiento de esos deberes. Me ha tocado en suerte el primer turno para verificar mi solemne incorporación como Académico, exigida por la ley para tener por adquirido definitivamente tan honroso título. Fue mi primer intento rehusar de una manera absoluta, porque hay en el seno de esta asociación miembros que, por su posición social o por su reputación literaria, están llamados a ser los primeros en cumplir con ese deber; y creería la tarea más fácil para mí, habiendo de seguir sus huellas. Me abstuve de hacerlo, pensando que será muy escaso o nulo mi contingente directo en pro de la realización de los fines de la Academia, y he querido tener siquiera el mérito de dar ejemplo de disciplina, respetando la ley y las decisiones de mis compañeros. Ese mérito es el sólo que creo tener derecho al molestar vuestra atención con mi discurso.

Para él he elegido como tema:
Necesidad y ventajas de la educación de la mujer

I

El tema es fecundo y de importancia actual; y siento por lo mismo que estas líneas no sean trazadas por una mano digna de desarrollarlo, emitiendo ideas de inmediata aplicación. Su importancia está en proporción con la influencia que la mujer ejerce en la sociedad, influencia que se halla en relación directa con el estado de adelanto de las naciones, pero que no llega a nulificarse jamás por mucho que sea su atraso. El imperio de la mujer está generalmente reducido a los límites del hogar; pero en él es o debe ser una reina con poder absoluto, a fin de que pueda cumplir la elevada misión que le está confiada, de educar a la familia, cimiento de la sociedad.

Ese poder lo ejerce desde la más infeliz cabaña hasta el palacio del más grande de los monarcas; y por ello puede decirse que en manos de la mujer están los destinos de la patria, los de la humanidad entera, y da su descendencia. Y las hijas de Eva han sido y serán siempre fieles imitadoras de ésta, con la sola diferencia de que unas siguen el ejemplo que les dio Eva pecadora al seducir a Adán para comer la fruta vedada, obligándole a rebelarse contra su Dios; y otras imitan el que les dio Eva arrepentida, cuando después de arrojados del Paraíso, procuró compensar al hombre la privación de tantos bienes como habían perdido, y los muchos sufrimientos a que en su nueva vida estaban condenados, con su desinteresado cariño, su adhesión ilimitada, su consagración al cuidado del hogar y tantas otras cualidades que legó a las buenas esposas y buenas madres. Si, como afirman los hombres de ciencia, aquella tradición es pura fábula, no se atreverán, sin embargo, a negar que su autor era profundo filósofo, conocedor a fondo de la naturaleza humana, porque esos sabios, como hombre alguno, no pueden jactarse de haber librado sus actos del influjo de la mujer.

A este respecto recuerdo, por la verdad que encierra, un pensamiento que resume lo dicho: "Estudiad a la mujer y aprenderéis a conocer el móvil de las acciones humanas." Es un consejo para los moralistas, pero que bien podrían aprovechar con éxito los políticos, los economistas y todos los que cultivan las ciencias sociales.

Aunque de la mujer me ocupo, no me propongo hacer su estudio, que con razón ha arredrado hasta a los sabios. Conociendo mi falta de experiencia y de luces, no pretendo decir nada nuevo. Cuanto tengo que escribir ha sido ya pensado por otros. Mi propia obra se habrá reducido a beber en buenas fuentes, siguiendo a aquellos que han tratado con imparcialidad al bello sexo, y huyendo, a la vez que de sus inmoderados aduladores, de los que con ruin saña lo han vilipendiado.

II

La mujer es un ser indefinible, han dicho unos. La mujer es un ser heterogéneo, han dicho otros. Pero todos están de acuerdo en que ha sido dotada por la naturaleza de las más bellas cualidades y de los más grandes defectos: en que es extremada para el bien y para el mal, en sus afecciones y en sus odios; que rara vez se coloca en un término medio. Y por ello una misma mujer es capaz de ejecutar las acciones más heroicas y los más grandes crímenes, sin cambiar de carácter ni de educación. Es capaz, por exceso de piedad, de proporcionar la fuga a un asesino y de desprenderse de cuanto posee por socorrer a un desgraciado; y es capaz de pedir, sin transición, por fanatismo religioso, que se condene a muerte, a fuego lento en una hoguera, a todo el que no profese sus mismas creencias; o, si hambriento llama a su puerta, de negarle un bocado de pan; es capaz, impulsada por el amor, de exponer sonriente su vida por salvar la de su esposo, y lo es también, arrebatada por los celos, de hundir un puñal en las entrañas del mismo a quien antes ha salvado. La que es hoy modelo de fidelidad conyugal, capaz de ser una Lucrecia, podrá mañana, por despecho, convertirse en Mesalina. Puede llevarla su discreción hasta soportar los más crueles tormentos por guardar un secreto que se le ha confiado; pero puede también después, por ligereza o vanidad, aun a sabiendas de que va a causar la desgracia de una familia, revelar ese mismo secreto que había guardado a tanta costa. Puede hoy, con sublime abnegación, exponer su propia honra por salvar la de otra mujer que ve expuesta a ser injustamente mancillada; y mañana, por orgullo, por egoísmo, por envidia, por influencia de los celos, podrá ella misma convertirse en instrumento de la calumnia, y hundir en el fango la reputación que tan bien supo defender, o ponerla en duda con una mirada indiscreta, con un gesto expresivo y hasta con un simple movimiento de cabeza, armas que sabe esgrimir con maestría para lograr un fin cualquiera que se proponga.

Lo dicho, que son verdades al alcance de todos, y que de seguro ninguna mujer, que estas líneas lea, tachará de inexactas, nos muestra a grandes rasgos el carácter distintivo de su sexo: distintivo agrego, porque el hombre, ciertamente, es capaz de incurrir en tan graves o mayores contradicciones en sus actos, pero no con tan bruscas transiciones. Para cambiar de modo de pensar, el hombre necesita de más tiempo: necesita el frío cálculo, porque en él domina la cabeza, y por eso son generalmente inexcusables sus extravíos. La mujer puede pasar, como ya he dicho, de un exceso a otro exceso de pasión, porque en ella es el corazón el que impera; y por eso generalmente son sus faltas no sólo perdonables, sino hasta admiradas, aunque se reprueben, y nunca pueden provocar el odio del hombre, ni aun su desprecio, por graves que sean, sino la compasión.

Hay otro sentimiento que las faltas del sexo débil deben producir al que, quizá con jactanciosa vanidad, se apellida él mismo sexo fuerte: la vergüenza. Vergüenza por el criminal abandono con que ha visto y ve aún la educación de la mujer, planta que durante largos siglos ha clamado y clama todavía inútilmente por algún cultivo siquiera, ya que no sea esmerado.

Y en vez de reconocer su culpa, o tal vez por conocerla mucho, para engañarse a sí mismos, hombres hay que tienen por sistema vilipendiar a la mujer, llegando hasta hacer responsable al sexo entero por los crímenes, los vicios o las faltas individuales. No de otro modo se explica que en apoyo de sus invectivas citen: a una Herodías, despechada por haberle sido enrostrados sus vicios, que pidió y obtuvo de su esposo la cabeza del Bautista; a una Agripina, concibiendo, entregada a torpes liviandades, y elevando al trono por el crimen, a un Nerón, monstruo insaciable bebedor de sangre, que sacrificó a la misma que en mala hora le dio la existencia; a una Cleopatra, inspirando a su amante el olvido de sus glorias y del imperio del mundo, por correr a la muerte entre sus impuros brazos; a una Elena, que comprometió con su crimen en larga y cruenta guerra a dos naciones, causando la completa ruina de una de ellas, y desgracias sin cuento a su propia patria; ya muchas otras mujeres, tristemente célebres por los males que han causado o de que han sido ocasión.

Pero se olvidan los que así proceden de que ejemplos a millares presenta la historia de los más repugnantes crímenes entre hombres, y de que hombres han sido los cómplices o ejecutores de los extravíos que a la mujer inculpan; y sobre todo, con estudiada mala fe, se abstienen de traer a la memoria grandes hechos que con exceso compensan aquéllos. Si con sinceridad procedieran, ¿por qué no recordar a una Mónica, dando la mano a un Agustín para salir del fango de los vicios, y convirtiéndolo en Santo, modelo de caridad y de todas las virtudes? ¿A una Marta Washington, educando al libertador de medio mundo? ¿O a una Cornelia, madre de los Gracos, haciendo de sus dos hijos, descendientes de orgullosos patricios romanos, los más celosos defensores del pueblo? ¿Por qué no citan a las Beatrices, Lauras y Eleonoras, inspirando a sus amantes obras tan sublimes como las que han inmortalizado a los Dantes, los Petrarcas y los Tassos, gloria no sólo de su patria y de su época, sino de la humanidad? ¿Por qué no hacen justicia a tantas otras grandes mujeres, merecidamente célebres, como la historia presenta, y a tantas otras, con quienes la historia ha sido injusta, olvidándolas a pesar de que con sus modestas virtudes han formado héroes, sabios y artistas?

Deponga el hombre su orgullo y confiese que hay en todos sus actos, por móvil o por fin, una mujer. Nadie puede negar que faltaría al poeta y al artista la inspiración, si no la recibiese de la imagen de la mujer amada; que faltaría con frecuencia al sabio la constancia que exige el estudio de las ciencias, si no la sostuviese el deseo de ofrecer el fruto de sus labores a la que es o será la compañera de su vida; que carecería el obrero de la fuerza de voluntad necesaria para consagrarse a un trabajo rudo y mal retribuido, si no le estimulase el deseo de presentarse a los ojos de la mujer que ama como hombre capaz de soportar el peso de una familia, y la necesidad de procurarse ahorros que le permitan, cuanto antes, hacerla partícipe de su suerte; que muy pocos hombres serían capaces de consumar los sacrificios que la patria exige, que les faltaría alimento para la noble ambición, si no creyesen encontrar al fin de su carrera una mujer a quien ofrecer el laurel del triunfo y de la gloria.

Todos, más o menos, siempre pensamos en obtener los aplausos de la sociedad en general, cuando ejecutamos o nos proponemos ejecutar una acción meritoria; pero ningún aplauso anhelamos tanto como el que viene de dos diminutas manos; ningún elogio nos deja tan satisfechos como el que sale de dos labios de rosa; y a veces nos enorgullece más que todo, una sola mirada de aprobación de la mujer a cuyas plantas querríamos arrojarnos, con la cabeza cubierta con todas las coronas de gloria que han recogido los más afamados poetas y artistas, los más grandes sabios, los más admirables modelos del honrado trabajador, los más celebrados héroes o los hombres de estado que más han influido en los destinos de su patria.

Por desgracia, si esto es tan cierto, no lo es menos que si un hombre entrega su corazón a una mujer indigna de él, que por su depravada conducta, por sus perversos instintos, por su escasa inteligencia o su absoluta ignorancia, o simplemente por su mal carácter, es incapaz de comprenderle, es incapaz de apreciar en cuanto valen los sacrificios que por ella se impone, habrá labrado su desgracia, habrá perdido las más puras ilusiones de la vida, y quedará condenado al desaliento, a la inercia, si no es más infeliz aún, lanzándose despechado en el inmundo abismo de los vicios.

III

Mas no es la mujer tan culpable como parece, por el mal que causa al hombre, pues nunca podrá devolverle todo el que de él recibe. Si éste comprende que aquel ser es el árbitro de su suerte, profésele todo el respeto que merece y trate de inclinarlo al bien. Parece, sin embargo, que tiene empeño en corromper el poder que le domina; porque en vez de corregir sus defectos por tantos medios como tiene a su alcance, ha establecido como regla de exquisita galantería el ensalzarlos; en vez de resistir a sus caprichos, se convierte en dócil instrumento de ellos.

Y luego nos quejamos de la mujer que es veleidosa, olvidándonos de que la enseñamos a desconfiar con nuestra propia inconstancia, y le damos el derecho de anticipar el rompimiento de que más tarde habría ella de ser víctima.

Nos quejamos de su vanidad y de su orgullo, olvidándonos de que fomentamos en ella diariamente esas pasiones con la adulación constante y el empeño que tomamos todos a porfía, por demostrarle lo que ella, por desgracia, tiene bien sabido, o se lo imagina por lo menos: que es bella, graciosa, rica, bien nacida, y tantas otras vulgaridades como a la mujer dice, especialmente todo aquel que no tiene de qué hablar.

Nos quejamos de su conversación insustancial, de su falta de candor, de su costumbre de murmurar; y nos olvidamos de que jamás se habla a las mujeres sino de asuntos insípidos, y en ese estilo jocoso con que muchos creen hacer su delicia, por más que a veces sientan plaza de estúpidos entre ellas mismas; o bien se les trata sólo de amor y en lenguaje de la más vulgar galantería, hasta lograr hacer imposible en sus mejillas el rubor; o bien, so pretexto de ser lo que a ellas más agrada, no se deja en pie reputación alguna de belleza o de bondad de otra mujer, principalmente si se la considera su rival.

Nos quejamos de su frivolidad y de su afición al lujo, y sin embargo a ello la obligamos con nuestra conducta. Dirigimos nuestras atenciones y tributamos nuestra admiración a la mujer que gasta el mejor traje y está arreglada con el mayor rigor de la moda, aunque nos conste que eso cueste el sudor de la frente de sus padres, o arrastre los restos de su fortuna; a la mujer que más deslumbra por su belleza física, cierta o suplantada por el arte, sin preocuparnos para nada de sus cualidades morales; o a la que tiene más medios o mayor habilidad para rodearse siempre de una corte de admiradores, dispuestos a satisfacer sus menores antojos.

Y luego la inculpamos, porque, imitando el ejemplo, hace a un lado el verdadero mérito, desprecia al que le habla el lenguaje de la verdad, o consagra sus más dulces miradas y da muestras de marcada predilección, por lo menos aparente, al que gasta la mejor levita, o lleva al dedo el mejor brillante, o tiene más correcto el nudo de la corbata, por más que sea un petimetre o un vagabundo, esclavo de la ociosidad y de sus vicios.

Se exige de la mujer sinceridad, y es obligada al constante fingimiento; porque el hombre llama cándida lo que en su lenguaje convencional es sinónimo de tonta, a la mujer que deja comprender sus sentimientos; y esto la conduce hasta confundir la virtud con la grosería, a pagar con inexcusable desprecio tal vez un amor verdadero, por temor de que una simple muestra de cortesía sea pretexto para darle el apodo de coqueta.

Deseamos de nuestra propia esposa fidelidad; en nuestras hijas, en nuestras hermanas, castidad; y nos esforzamos, sin embargo, por hacer olvidar sus deberes a la mujer ajena, o empleamos todo medio de seducción contra la hija o la hermana de otro, a quien tal vez llamamos amigo.

Despreciamos o aparentamos despreciar a la mujer caída, olvidándonos de que somos los autores de su falta, y que el lodo con que pretendemos cubrirla debería manchar con más justicia nuestro propio rostro; y llevamos nuestra saña hasta reprobar a la mujer honrada que tienda a aquella desgraciada una mano generosa para ayudarle a levantarse, aplaudiendo sin embargo que brinde su cariño al infame seductor; y vemos sin repugnancia que aquel que más vergonzosos triunfos cuenta en su vida, que aquel que puede jactarse de haber hecho mayor número de víctimas, sea el hombre a la moda en los salones y goce entre las damas de la reputación de irresistible.

Desearíamos que la mujer cultivase con esmero el lenguaje, las ciencias y las artes, para encontrar en ella una conversación amena e instructiva; y le vedamos sin embargo lo mismo que deseamos, porque apenas asoma a sus labios una expresión poco común en boca de mujer, nos apresuramos a llamarla pedante y a hacerla objeto de nuestras burlas.

Quisiéramos, en fin, que fuese la mujer como nos la pinta el deseo, olvidándonos de que no puede ser de otro modo que como nosotros la hacemos.

Si no queremos que abunde y se perpetúe ese modelo, preciso es que hagamos respirar a la mujer otra atmósfera más pura: que la alejemos de la infecta en que hoy la hacemos vivir. Preciso es que cambiemos de conducta y le formemos un ideal nuevo, mostrándole el sendero por el cual ha de llegar a hacer todo el bien de que es capaz.

Y entonces sabrá la mujer apreciar como sus más caras joyas la constancia, la modestia, la caridad, el candor, la circunspección, la economía, la franqueza, la cortesía, la fidelidad conyugal, la castidad, la cultura y el saber, y en general todas las virtudes que deben adornarla, y que si hoy muchas poseen, lo deben a una rara energía de carácter, o a una feliz predisposición para el bien, que les da fuerza para triunfar en lucha tan desigual.

Entonces sabrá despreciar a los necios rezagados que pretendan agradarla con las vulgaridades que hoy son de tanto efecto: podrá fácilmente defender su virtud contra las asechanzas de los seductores de oficio, porque llevarán éstos en la frente un estigma de vergüenza, en vez de la aureola con que hoy se presentan ante la sociedad.

Y para ello basta educar a la mujer y darle en seguida como complemento la instrucción que sea posible. Así podrá probarse a sí misma, y probarnos a nosotros, que es una mezquina creencia, resto de antiguas preocupaciones, la de la inferioridad absoluta de su sexo; y podrá comprender toda la importancia de la elevada misión que le está confiada.

Hagámoslo, aunque sea por egoísmo, ya que estamos convencidos de que tanto nos interesa personalmente, si para algunos de nosotros nada vale la felicidad de la familia y el porvenir de la patria, que en ello van envueltos.

IV

¡Educar e instruir a la mujer!

Me parece ya que oigo repetir estas palabras en tono de admiración, preguntándose alguno si puede pedirse más para el sexo débil que lo que por él se hace en el mundo civilizado.

Se dirá que, después de haber dejado la mujer de ser cosa, perteneciente al padre o al marido, y de haber adquirido todos los derechos de la personalidad humana, con la gran conquista de la igualdad de ambos sexos, obtenida por la ley evangélica sobre el mundo antiguo, nada más puede apetecer.

Y es cierto que esa conquista la acreditan los historiadores, la defienden los filósofos, la cantan los poetas y hasta la ratifican los legisladores; pero falta mucho para que sea una verdad de hecho, porque no se han dado a la mujer los medios de hacer práctico el uso de sus derechos.

Mal comprendida sería la ley evangélica si se creyese que ha pretendido crear la igualdad absoluta de los sexos, borrando hasta sus diferencias de constitución física, intelectual y moral, que exigen también diversidad de ocupaciones, porque sería pretender lo absurdo, contrariando la naturaleza. Si se ha propuesto, es cierto, poner término al poder absoluto que ejercía el marido, no ha pretendido anular la superioridad relativa a que los dos sexos tienen derecho. Por el contrario, ha querido que se desarrolle, que los dos giren libremente en su propia esfera y realicen la misión que a cada uno corresponde, muy diferente en los medios de acción, pero una en el fin: el progreso social, el perfeccionamiento de la humanidad. Y esta misma unidad exige el concurso simultáneo de las dos fuerzas, de tal manera que, siendo deficiente o nula la acción de la una, la obra resulta imperfecta, si no imposible.

Enseñar a los dos sexos todo el alcance de su propia misión: hacerles conocer sus respectivas aptitudes para realizarla y los medios de desarrollarlas; enseñarles a corregirse los defectos y a vencer todos los demás obstáculos que podrían detenerlos en su camino, tal es el objeto de una buena educación.

Aprovechar ese resultado para poner a su alcance y utilizar en sus manos los conocimientos que ofrecen las ciencias y las artes, a fin de que cada individuo de la especie humana ponga su contingente en la obra del progreso, tal es el objeto de la instrucción.

La primera tiene por principal fin formar el carácter del individuo, se dirige al corazón; y por lo mismo debe confiarse a la mujer. La segunda tiene por fin el cultivo de la inteligencia, y por ello corresponde darla, principalmente, al hombre.

V

La naturaleza ha dado a la mujer el instinto de la maternidad, que se despierta en ella desde el momento en que tiene conciencia de que existe. Comienza su influencia desde los primeros años de su infancia, cuando en sus inocentes juegos arrulla la muñeca, prodigándole las más dulces palabras y sus más tiernas caricias. Continúa desarrollándose en progresión ascendente a la par de su sensibilidad, y se manifiesta en el aumento de su ternura, en su compasión hacia todo ser desvalido y por los ajenos sufrimientos, que hace suyos propios y laceran su corazón. Llega a ser esposa y a ser madre, y se opera una revolución en su existencia: ni ve, ni piensa, ni tiene oído más que para atender al débil ser que ha alimentado en su seno, y que convierte en realidad la ilusión ansiosa que durante muchos meses ha tenido como paralizadas todas sus facultades.

Y por la influencia de ese instinto, la novel madre entra en posesión de secretos que nadie le ha enseñado y de que no tenía ni la más ligera idea. Su imaginación, que trabaja sin descanso, le proporciona recursos que la asombran a ella misma, para mitigar al nuevo ser, que arrobaba sus sentidos, las primeras penas que en la vida sufre, y que sólo son leve indicio de las que el mundo ha de causarle, tal vez cuando ya no exista a su lado la mujer cariñosa que enjugó sus primeras lágrimas. Su inteligencia se despeja; y acrecentándose el caudal de sus conocimientos, percibe con mayor claridad, e infunde en su hijo, objeto para ella de verdadera idolatría, las verdades morales y los principios fundamentales de las ciencias, que todos creemos verdades innatas, porque no recordamos haberlas aprendido de nuestra madre. Su corazón se purifica, y le da fuerza bastante para reprimir sus pasiones, y hasta para romper con un pasado que no ha sido ejemplar, a fin de evitar al hijo la mayor de las vergüenzas, el dolor de los dolores: no poder venerar, como es debido, a la que le llevó en sus entrañas.

Cuando ese instinto se ha desarrollado libremente, sin las trabas que le oponen el vicio o la absoluta ignorancia, la madre es la única capaz de dar al niño una buena educación. Entonces ésta principia en el momento mismo en que el ser humano abre los ojos por primera vez a la luz del día. Tal vez se deposita el germen en la primera mirada amorosa que la madre le dirige, en el primer beso que imprime en sus mejillas, sin que ninguno de los dos se dé cuenta de ello. Ese germen sigue desarrollándose todavía de una manera inconsciente, hasta que el niño está en capacidad de comprender los sencillos pero sublimes consejos que el amor desinteresado de su madre le da entre caricias, y que dejan una impresión tan profunda, que se graban en su memoria hasta que baja al sepulcro; de manera que, al salir el niño de la infancia, queda fijada la base de su carácter con tanta firmeza, que difícilmente se cambia en el curso de la vida.

Pero si en la mirada de la madre se retrata la impureza, si en sus labios palpita aún el beso de un amor ilícito, el germen que depositará en el niño será el del vicio. Si su corazón está herido por el constante recuerdo del crimen, si su inteligencia está ofuscada por la exacerbación de sus pasiones, no encontrará palabras de amor que dirigirle, no tendrá sanas ideas que inculcarle, ni caricias siquiera se atreverá a prodigarle; el niño se verá abandonado a sus propios instintos, y su carácter se formará a su capricho; tendrá sólo mal ejemplo que imitar, y su corazón se habrá corrompido desde la infancia. No es difícil predecir que ese niño será un ser pernicioso a la sociedad, y que su nombre, casi de seguro, habrá de figurar en los anales del crimen.

Si la madre no es viciosa ni criminal, pero tiene la desgracia de ser esclava de una completa ignorancia, abundará en deseos de educar a su hijo, pero será impotente para ello. No podrá inculcarle sino imperfectamente la noción del bien; no podrá infundirle aspiración alguna para procurar salir de su triste condición, y la ignorancia de que ha sido víctima hará de él un miembro poco útil a la sociedad, si no lo conduce por la senda del vicio.

Aunque la mujer no sea viciosa o criminal, aunque no sea absolutamente ignorante, porque haya recibido alguna cultura e instrucción, si éstas no han sido bien dirigidas, todavía pueden presentársele obstáculos que su amor de madre no puede vencer por sí solo, para la educación de la familia. Si las madres que no aman a sus hijos son monstruos que no deben tomarse en cuenta, porque sólo se presentan de tiempo en tiempo, no son pocas, sin embargo, las que creyendo amarlos, por haber recibido una educación extraviada, se extravían al darla a su vez.

No es raro, en efecto, ver madres que confían la lactancia y el cuidado de sus hijos a manos mercenarias, tan sólo por no marchitar su belleza, o por no privarse de concurrir a los bailes, al teatro, a la tertulia, o por otros motivos tan frívolos como éstos. Casi nunca esa mujer extraña a quien se confía el niño es escogida por su conducta ejemplar; y aunque la nodriza deba su maternidad a su vida disoluta, no se toma en cuenta para nada esta circunstancia, olvidándose la madre de que esa mujer advenediza que va a sustituirla en el puesto que la naturaleza le tiene señalado, va a robarle toda su influencia y todos sus derechos sobre el niño, y a aparecer a sus inocentes ojos como su verdadera madre. A la que así peca contra las leyes santas de la naturaleza, no debe extrañarle recoger el fruto de su frivolidad y negligencia.

Crecerá el niño y su amor filial será tan débil, que apenas si lo demostrará, como obligado; su respeto hacia su madre será más fingido que real; y faltará en él esa especie de veneración que todo hijo bien educado siente hacia la mujer que le llevó en su seno. La siembra de autoridad que ejerce será desconocida y despreciada al llegar aquél a la edad de las pasiones. Y feliz podrá llamarse esa madre descuidada, si no tiene que derramar lágrimas de sangre al ver al hijo, que no quiso encaminar al bien, marchar por la senda de los vicios, hasta precipitarse en el abismo del crimen, maldiciendo tal vez la hora en que recibió la existencia, si no del ser que se la dio.

Tampoco es raro que se dé el mismo resultado, cuando la madre, por exceso de cariño, educa a su hijo de manera que se convierte en obediente esclava del menor de sus deseos infantiles, que más tarde se llamarán pasiones. Acostumbrado a hacer su voluntad, será orgulloso, dominante y grosero; y cuando al entrar en sociedad se convenza de que ésta la forman sólo madres complacientes, abandonará la compañía de los hombres honrados y buscará sus relaciones entre aquellos que, por haber perdido la conciencia de su dignidad, no tengan inconveniente en adularlo, en soportar sus impertinencias y fomentar más aún su mal carácter, que bien saben explotar. Como el trabajo y toda ocupación honesta le habrán inspirado horror desde su infancia, al consumir la ociosidad y sus pasiones sus últimos recursos, se hallará a un paso del crimen; y, o el suicidio pondrá fin a su vida, o la habrá de terminar en un presidio, si, siendo más feliz, no la pierde antes a manos de cualquiera que tenga que vengar una ofensa recibida.

No es menos errado el sistema de hacerse la madre temer de su hijo por su áspero lenguaje y su rigor, que raya muchas veces en crueldad. Principalmente este defecto hace al padre inepto para la educación del niño; y si la madre lo secunda en vez de mediar entre los dos, lograrán infundirle el temor, que es el fruto natural del despotismo, pero nunca el respeto, y menos el cariño, que sólo la rectitud y el amor combinados pueden producir. Si esa conducta no es hija del mal carácter, de un exagerado orgullo, si hay en los padres sana intención, merece indulgencia; mas no por eso deja de ser uno de los más viciados sistemas de educación. Por caminos distintos y hasta opuestos, conduce a idénticos resultados que los anteriores; pues el niño anhela crecer para sacudir el que llama pesado yugo de la autoridad paterna, procurando, mientras llega el día de la libertad, engañar siempre a los autores de sus días para librarse de su cólera; y se amaestra en el arte de mentir, y se acostumbra a ocultarlo todo a aquéllos, quienes viven creyendo en la perfección de su hijo, hasta que la noticia de su primer escandaloso extravío abre sus ojos, aunque tarde, a la realidad.

Después de cuanto dejo dicho, no se extrañará que afirme que el padre por sí sólo es impotente para servir de guía a la familia, al menos antes de entrar en la adolescencia de los hijos varones, y respecto de las mujeres, en ningún tiempo. No se extrañará que repita que debe ser la mujer la reina del hogar, debiendo limitarse la acción y vigilancia del marido a procurar que cumpla con sus deberes de madre, si no quiere sembrar la anarquía y hacer a su descendencia víctima inocente de su importuna intervención. La madre debe tener sola el mérito o la responsabilidad directa por la buena o mala educación de sus hijos.

Mas para ayudarle a desempeñar con éxito tan delicada misión, para librarla del remordimiento por haber causado, culpable o inocente, la desgracia de la familia, no se la debe dejar abandonada a su instinto: debe enseñársele a dominar sus pasiones, a corregir sus malos hábitos, para que pueda concentrar su atención en el cumplimiento del deber; preciso es enseñarle a reprimir los excesos de su amor y a moderar los ímpetus del orgullo o de la cólera, para que pueda enderezar a tiempo las malas inclinaciones del niño, y ser a la vez su mejor amiga, depositaria de sus impresiones y de todos sus inocentes secretos.

Hasta aquí me he ocupado de la educación del niño, sin distinción de sexo; pero tratándose en especial de la de una hija, la misión de la madre es mucho más delicada aún. Debe tener presente que el desarrollo libre de sus malos instintos, su mal carácter, su falta de moralidad, no representarán, como en el hombre, el individuo perjudicado, sino la sociedad. El vicio de educación contraído por la mujer en la infancia contagiará a los demás miembros de la familia con quienes ella se cría, a las personas que frecuenten su trato, a los hombres a quienes su belleza o sus gracias seduzcan, al que tenga la imprudencia de elegirla por esposa, y será transmitido a la familia que ella ha de formar, tal vez en larga sucesión de generaciones.

Con razón bastante ha dicho Michelet: "Educar a una niña es educar a la sociedad". "La madre sentada ante la cuna de su hija debe pensar: Tengo aquí la guerra o la paz del mundo: lo que turbará los corazones, o les dará la tranquilidad y la rica armonía de Dios."

Le sobra razón para decirlo, porque esa niña habrá de cumplir ante todo sus deberes de hija, y será la causa de la alegría o del eterno llanto de sus padres; será el consuelo de su vejez o su tormento; habrá de sustituir quizá a su madre en el gobierno del hogar, y será causa de que entre en él la próspera o la adversa fortuna.

Esa niña habrá de entrar en el mundo al ser mujer, y ejercerá en él irresistible influencia. Y será la dulce amiga que consuele al hombre en sus penas, o traidoramente le infiltrará el veneno que ha de amargar más su existencia; ya será la tierna amante que mantiene en la senda del honor al hombre que le tributa adoración, que le inspira el deseo de la gloria, que le fortalece para el trabajo, que le reanima en sus horas de desaliento y le hace soñar en su amor un paraíso; o bien con sus desdenes, su doblez o su traición, labrará su eterna desventura y le hará hasta odiosa la vida.

Esa niña habrá de ser esposa, y en sus manos tendrá su propia suerte y la del hombre que le consagre su existencia. Si no ha aprendido el arte del gobierno de la familia para aplicarlo en el hogar que ha de regir, introducirá en él el derroche, la anarquía, y pronto habrá disipado el poco o mucho capital del matrimonio. Si no ha aprendido a corregir sus propios defectos, no podrá frenar las pasiones de su esposo. Si no ha adquirido un carácter dulce, compasivo, humilde, si no ha acumulado en su corazón la riqueza del amor y de la virtud, no sabrá ofrecer al hombre que se ha obligado a hacer feliz, un bálsamo que cicatrice las heridas que reciba en las luchas sociales; no sabrá brindarle en sus amorosos brazos un seguro puerto de refugio contra el naufragio en las tempestades de la vida; no podrá infundirle el fuego santo del patriotismo, que sólo se enciende en el hogar. Si su carácter es áspero, dominante, celoso y desconfiado, si ha acumulado en su corazón mucha hiel, mucho veneno, no sabrá curar sino con fuego las heridas del esposo; le hará huir de sus brazos como de un peligroso escollo, le inspirará el odio a la humanidad; y el hogar, paraíso de sus ensueños, será trocado en un infierno, objeto de sus constantes pesadillas.

Esa niña está llamada también a ser madre, si no por la naturaleza, a hacer las veces de tal por un accidente de su vida. No todos tienen la dicha de haber conocido a su madre o de haberse criado bajo su protección durante sus primeros años. Las víctimas de esa desgracia, tal vez la mayor que puede afligir al ser humano, tienen que ser confiadas en su infancia a una nodriza primero, a una aya después, o bien a una hermana, a una amiga o a otra persona extraña que caritativamente se encarga de darles amparo en su orfandad. Si éstas han de reemplazar, en parte siquiera, a la madre, preciso es que conozcan la grave responsabilidad que sobre ellas pesa: preciso es que tengan bien cultivado el instinto de la maternidad.

Los vicios de educación en el hombre pueden a veces curarse en el infortunio. En la mujer son enfermedad de difícil curación, porque la medicina que podría aplicársele tiene que luchar con su natural amor propio, cada día exagerado por la lisonja. Ni es la adversidad en ella un remedio, porque regularmente significa una caída irreparable. Y por lo mismo, la sociedad, conociendo su impotencia para corregir esos vicios, debe procurar evitarlos.

Y debe también, convencida de que la mujer es árbitra de sus destinos por la grande influencia que en ella ejerce, educarla para que sepa cumplir sus deberes en todos los estados de la vida, como hija, como amiga, como amante, como esposa y madre; para que sea el principal agente de moralidad, de civilización y de progreso. Esto sólo puede lograrlo formando madres de familia. Bamon Oguen

Para formarlas, elévese ese aprendizaje al rango de honrosísima profesión, más importante, mucho más, que todas las que hasta ahora se han reconocido por los legisladores, creándose establecimientos en los cuales dirigirán la enseñanza las madres que han sabido serlo, y la recibirán las niñas que se encuentren en aptitud de comprender los sagrados deberes que más tarde han de pesar sobre ellas; pensamiento que no es nuevo, pues ya en España se ha ensayado por iniciativa privada, aunque por desgracia, durante corto tiempo. Coadyuve además la prensa, vulgarizando los ejemplos de los buenos modelos, y distribuyendo a manos llenas los tesoros que la ciencia y la experiencia han acumulado; y coadyuve el sacerdote poniendo esos ejemplos y enseñanzas, por medio de la predicación, al alcance de las madres, especialmente de aquellas que por su absoluta ignorancia se encuentran fuera del poderoso influjo de la prensa. Cuando se haya logrado formar madres de familia, podrá decirse con fundamento que se ha resuelto el difícil problema de la educación de la humanidad, por medio de la educación de la mujer.

VI

Resuelto este problema, no será difícil dar a la mujer bien educada la instrucción que necesita. En esta materia no participo de las ideas de los que piensan que conviene darle la misma instrucción que al hombre: sería sacarla de su centro, debilitar su poder, contrariar su naturaleza.

Si la mujer no debe ejercer la abogacía, no necesita profundizar el Derecho. Sin conocer esa ciencia, sabe hacer algo más que el abogado que defiende al autor de un crimen, pues sabe detener el brazo que se dispone a cometerlo: tiene influencia suficiente para inclinar al criminal al arrepentimiento, lo que no puede lograr el abogado, por grande que sea su elocuencia; y sabe arrancar una víctima de manos de un tirano, para lo cual el Derecho es impotente.

No necesita profundizar el estudio de la Medicina, porque sin conocerla sabe curar las enfermedades del alma o cicatrizar las heridas del corazón, contra las cuales la ciencia nada puede.

Si no ha de ejercer las profesiones que con ellas se relacionan, no debe profundizar las Matemáticas y las ciencias físicas. Sin estudiarlas sabe construir, mejor que el más hábil ingeniero, el camino que más rectamente la conduce al corazón del hombre, y levantar en su pecho una fortificación que la defienda de los ataques de su enemigo, imposible de destruir aun con los proyectiles más explosivos, ni de tomar por asalto, a menos que un traidor, que dentro de sus muros se oculte, abra las puertas. Sabe construir en su imaginación los más soberbios castillos, que demuele y reconstruye a voluntad, y que pueden causar envidia al más célebre arquitecto. Y no hay maquinista capaz de inventar y dirigir motor de tanta fuerza como el sentimiento, con cuyo poderoso impulso la mujer conmueve el mundo.

Si no ha de ser viajero o navegante, inútil es para ella hacer estudios profundos de la Náutica y de la Geografía, sin cuyo auxilio puede navegar y viajar, no en frágiles barquillas y en este pequeño planeta, sino en alas del infinito por mundos desconocidos.

Si no ha de gobernar una nación, no debe profundizar la Política, la Diplomacia, el Derecho Internacional, la Economía, la Estadística. Y en verdad no lo necesita, pues no hay hombre de Estado que gobierne tan sabiamente como una buena madre de familia su pequeño reino, el hogar. En él puede apaciguar las rebeliones de sus súbditos, sin derramar una gota de sangre, sin usar de violencia alguna; puede conjurar, mejor que el más hábil diplomático, la tempestad que amenace turbar la paz, a consecuencia de un conflicto con otro poder igual al suyo que dentro de su reino existe; sin auxilio de las ciencias conoce bien los recursos de sus gobernados y los medios de mejorar su condición, y sabe administrar sus rentas y procurar su incremento, de manera que puede causar envidia al más hábil hacendista. Es, en fin, la forma de su gobierno digna de imitarse en la sociedad, por más que no tenga nombre conocido en la ciencia.

Si ni su débil organismo ni la sensibilidad de su corazón le permiten ser soldado, ¿para qué ha de estudiar el arte de la guerra? No lo necesita, porque su misión es de paz. Si se presenta en los cuarteles, si acude a los campamentos, si presencia las batallas y expone su pecho a las balas, es con el uniforme de la caridad; y puede desafiar, segura del triunfo, al más valeroso General para que penetre con ella en un hospital a combatir cuerpo a cuerpo una epidemia, el enemigo más terrible de la humanidad.

Hacen mal los que tratan de engañar a la mujer, y halagan su vanidad, pretendiendo hacerla creer que es tan apta como el hombre para ejercer todos los oficios y profesiones a que éste puede aspirar. No seré yo quien le niegue la capacidad intelectual; pero no debe olvidarse que ni su organización física, ni los instintos, ni las tendencias, ni los deberes especiales de su sexo le permiten aquellas profesiones u oficios que puedan arruinar su belleza, matar su pudor, poner en peligro su virtud o distraerla por completo de la noble misión que la naturaleza le ha confiado.

No concibo que de buena fe se pretenda convencer a una mujer de que vale menos en ella educar una familia, formando hijos útiles a su patria, que defender y ganar el más ruidoso pleito, o hacer una asombrosa curación, o resolver el más complicado problema matemático, astronómico, físico o filosófico, o construir un ferrocarril, o un palacio, o hacer el viaje más maravilloso, o ganar una sangrienta batalla. Ella dirá, si la lisonja no la ha desvanecido, que desde el trono de su hogar, si lo ocupa dignamente, gobierna el mundo; lo que no ha logrado ni jamás logrará el más grande de los sabios o el más ambicioso de los conquistadores.

No quiero decir tampoco que se prohíba a la mujer el ejercicio de ninguna profesión. La venida al mundo de seres dotados de verdadero genio es tan rara, que jamás deben despreciarse, sea cual fuere su sexo; sería criminal condenarlos a la oscuridad. Si la naturaleza ha concedido a alguna mujer dotes especiales para determinada profesión de las que corresponden comúnmente a los varones, y se siente con tendencia irresistible para adoptarla, ábrasele el templo de la ciencia, y alterne en él con los sabios, que no es la primera vez que lo hace con ventaja. El error estará únicamente, de parte de los padres, en violentar la naturaleza, enseñando a la niña a despreciar su propio sexo y a odiar las ocupaciones a que instintivamente se inclina; y de parte del Estado consistiría en la creación de establecimientos especiales de instrucción profesional para la mujer, provocándola así a perseguir por vanidad propia o de su familia, una carrera para la cual no tiene ni inclinación, ni aptitudes, perdiéndose tal vez en ella una excelente matrona.

Y mucho menos debe creerse que profeso las ideas de los que consideran bastante para la mujer, por toda instrucción, saber leer, escribir y contar, cuando más le conceden; y menos puedo pensar, como pensaban los romanos, que la mejor matrona era la que más bien sabía manejar el huso.

Debe darse a la mujer la instrucción primaria tan completa como al hombre, comprendiendo además los ramos propios de su sexo, no sólo porque éste es alimento necesario para la vida de todo ser que piensa, sino también porque la instrucción que a ella se dé no será estéril. La mujer, mejor que cualquier maestro, transmite sus conocimientos a sus hijos; y si su esposo es ignorante, nadie mejor que ella sabrá abrirle el apetito del saber: él, que tal vez había resistido los esfuerzos de sus maestros y contrariado los deseos de sus padres, tendrá que doblegarse ante los ruegos de tan amable preceptora, y poco tiempo tardará en aprender cuanto ella sabe. El país, por consiguiente, que logra dar una instrucción siquiera elemental a la mujer, puede jactarse de que no pasará una generación sin que la absoluta ignorancia sea desconocida dentro de sus límites.

Debe enseñársele además de Medicina lo bastante para saber conocer y curar las enfermedades de los niños, y poder atender a la crianza de sus hijos con verdadera ciencia, lo que disminuiría la mortalidad de las criaturas, debida en mucho a la ignorancia de las madres; y también lo bastante para que pueda dar satisfacción con mejor éxito a sus naturales caritativos instintos. Y hasta puede hacer de esa ciencia una profesión, si ha de ejercerlas tan sólo con personas de su mismo sexo, en cuyo caso es, sin duda alguna, aun más a propósito que el hombre.

Enséñesele del Derecho, de la Economía social y doméstica, lo necesario para que pueda administrar un caudal y dirigir y manejar los negocios. Al esposo que la suerte le depare, toca completar esta instrucción, dándole la enseñanza concreta que sus especiales ocupaciones exijan, para que pueda sustituirle en su ausencia o después de su muerte. En previsión de tales casos, debe darle cuenta de todos sus negocios, y tenerla al corriente de su movimiento; pues sólo así podrá evitar que el capital que legue a sus hijos desaparezca como si se convirtiera en humo, quedando éstos reducidos a la miseria por la falta de capacidad y de tacto en la viuda para administrarlo, o por verse obligada a confiarlo en manos extrañas.

Enséñesele de la poesía, de la pintura, de música, de escultura, cuanto sus aptitudes permitan; pues creo errónea la idea de que la instrucción de la mujer en las bellas artes, por distraerla de los cuidados del hogar, es tan perjudicial para ella, como el profundo estudio de las ciencias. El arte es hijo del sentimiento y, por consiguiente, propiedad de la mujer: es constantemente su objeto, su inspiración, y debe saber comprenderlo. Ella es artista por su naturaleza, y la perfección de una cualidad natural nunca puede ser dañosa. Si en su destino está escrito que ha de ser la esposa de un artista, no será feliz si no sabe apreciarlo en cuanto vale. A diferencia del sabio, que es hasta cierto punto egoísta, que necesita para sus trabajos del aislamiento, y por lo mismo le importa poco ser comprendido, el artista es casi siempre vanidoso, amigo de la expansión, de recibir aplausos de quien pueda darlos a conciencia, y necesita de una esposa que pueda admirarle comprendiéndole; y sólo así pueden llegar a la unión moral en el matrimonio, única que hace posible la felicidad doméstica.

Dese a la mujer instrucción religiosa, porque su piedad natural y su misma debilidad la inclinan a buscar en un Ser Supremo el amparo que en el mundo no halla; y es preciso dar satisfacción a esta necesidad de su espíritu, procurando a la vez preservarla de los extravíos a que da lugar. Aprovéchese la religión para consolidar su moralidad, pero aléjesela con decididos esfuerzos del fanatismo, de las prácticas supersticiosas, y sobre todo de la idolatría, a la que fácilmente se inclina, por el poderoso influjo que en ella ejerce la imaginación.

Una mujer que tales conocimientos posea, a quien además, si es posible, se den nociones de literatura y de todas las ciencias, cuanto más extensas, mejor, podrá ejercer mayor y más benéfica influencia en el hombre y darle la cultura que no se adquiere nunca con el estudio, sino sólo con el trato de una mujer bien educada y verdaderamente instruida.

Cuando la mujer reúna estas cualidades, con razón podrá decirse que está para renovarse desde sus cimientos el mundo moral, y que la humanidad habrá dado con esto un paso más agigantado que con los descubrimientos en las ciencias y en las artes, de que tan orgulloso se muestra nuestro siglo.

VII

Pondré ya fin a mi tarea, no por estar agotada la materia, pues sobre ella, quien posea una sólida instrucción, podría escribir grandes volúmenes. Mas yo, que no la tengo, temo haber abusado ya demasiado de vuestra atención.

Me inquieta también la idea de que por mala inteligencia de alguno de mis conceptos, se crea lastimado el bello sexo, cuyos enojos tanto temo, por lo mismo que tanto respeto le profeso. Pero si lo que he dicho en su favor no basta como prueba de mi sinceridad, llamo a la memoria, especialmente de mis bellas compatriotas, que entre ellas se encuentra de seguro la que formará la realidad de mis ensueños y habrá de ser la dulce compañera de mi vida, si hay alguna que se resigne a compartir conmigo su suerte, sometiéndome al suave yugo del matrimonio.

Y si aún no basta, les recuerdo que entre ellas se encuentra el ser a quien debo, más que la existencia, la educación y la instrucción que pudo procurarme, a costa de incalculables sacrificios y hasta del sudor de su frente, en el desamparo de la viudez y agobiada por la enfermedad y la pobreza. Si tengo ambición y sueños de gloria, es su estímulo más poderoso, la esperanza de ver llegar un día, si mis aspiraciones se realizan, en que oiga decir en recompensa de tanta abnegación: "Ha llegado hasta allí por haber tenido una buena madre."

Tegucigalpa: 30 de octubre de 1888.

LAS SOCIEDADES DE ARTESANOS Y LA UNIÓN NACIONAL

En todas las capitales de Centroamérica y en muchas poblaciones de importancia, desde algunos años atrás, los artesanos han organizado sociedades que, aunque difieran en su constitución y fines secundarios, tienen todas, como común y capital objeto, la protección y defensa de sus legítimos intereses, y como principal medio, la difusión de las luces entre la clase obrera.

Tal comunidad de propósitos debía producir y ha producido su natural fruto: la tendencia de todas las sociedades a ligarse prestándose mutuo auxilio, comunicándose recíprocamente sus adelantos, poniéndose de acuerdo sobre sus medios de acción y ofreciendo benévola acogida en su seno a cualquiera de los miembros de las demás, sin tomar en cuenta las fronteras que separan las varias secciones de la América Central.

Ha dado el primer paso en ese sentido la Sociedad de Artesanos "La Concordia" de San Salvador, ofreciendo a las demás sus servicios y excitándolas a unirse con verdadero espíritu de fraternidad.

Conocemos sólo la respuesta que dio la de San José de Costa Rica, que no sólo correspondió a tales sentimientos, sino que, respirando el más puro y elevado centroamericanismo, concibió y propuso a sus hermanas la realización de un atrevido proyecto: "la fusión en una, de todas las asociaciones, haciéndose representar en un Congreso de Obreros, para tratar y resolver sus más importantes comunes intereses, considerando esto como un ensayo, cuyo éxito prepararía el de la reconstrucción política de la antigua patria."

No negamos que la realización de tan noble pensamiento encontraría obstáculos, pero serían menores que los que se presentarán para formar una sola nación de la América Central. La unión nacional de la clase obrera no tendría que luchar con bastardas ambiciones, porque ni sería el premio del triunfo la elevación al Poder de ninguno de sus miembros; ni tendría que luchar con la codicia, porque no podrían esperar al fin de la jornada el oro en recompensa;

no tendría que luchar con las tradicionales rivalidades locales, porque esas rivalidades son fomentadas sólo por los que ambicionan el Poder, la fama o la riqueza, y la clase obrera, que nunca disfruta de tales beneficios, acoge siempre, sin inquirir su origen, al hombre honrado y laborioso, segura como está de que muy lejos nos hallamos aún en Centroamérica del tiempo en que sobren brazos y falte el trabajo.

No comprendemos por qué se ha dado poca importancia a los proyectos de los artesanos de Costa Rica, que, realizados, adelantarían en muchos años la reconstrucción de la patria. Esta sólo podrá ser la obra de una verdadera revolución, para que pueda destruirse el orden de cosas creado hace cincuenta años. Y bien sabido es, pues la historia de todos los países nos lo enseña, que ninguna revolución se verifica de arriba para abajo: que la idea revolucionaria fructifica sólo cuando el pueblo se apodera de ella y pone a su servicio su corazón y sus brazos. Por muy bien intencionados que se hallen los gobernantes, no podrán nulificar, como es preciso, los bastardos intereses separatistas con sólo un rasgo de pluma o un golpe de espada.

En cambio, si la clase obrera de las varias secciones de Centroamérica se pone en contacto, y desconociendo las fronteras, los representantes de las diferentes asociaciones funden en una sus tendencias, se comunican sus ideas, crean comunes intereses, y al regresar a sus hogares, del punto cualquiera donde se hayan reunido, infunden sus sentimientos en sus coasociados; y si éstos, que forman la fuerza de la nación, llegan a poseerse del espíritu de propaganda, no con bellos discursos, sino con nobles ejemplos de confraternidad, muy cercano estará el día en que sople el espíritu de la revolución, que, arrollando todos los obstáculos, aniquilará a quienquiera que los oponga, aun a los mismos gobernantes, si por debilidad o por falta de patriotismo, pretenden torcer o resistir la corriente; cercano estará el día en que vuelva a lucir el sol que alumbró la antigua patria.

Reconstruida ésta con tales bases, no podrá fácilmente derrumbarse. El pueblo, que ha sido la víctima en todas nuestras luchas fratricidas, que ha derramado en ellas su sangre estérilmente, querrá y sabrá economizarla, para prodigarla en defensa de la grande obra a que deberá su tranquilidad.

Una de esas asociaciones, que tan fecundas pueden ser en beneficios, existe organizada en esta capital. No obstante que sus estatutos, con sabia previsión, cuando fueron formados, le hayan prohibido mezclarse, como corporación, en cuestiones políticas. Su misión no es luchar sino ejercer su influencia civilizadora sobre la clase desvalida; infundirle con la educación, la conciencia de sus derechos y de sus deberes, para que aprenda a apreciar los nobles esfuerzos de patriotismo, e impulsarlos o secundarlos.

Nuestra Sociedad de Artesanos ha comenzado a elevarse a la altura de su misión. Ha comprendido que para realizarla necesita, ante todo, combatir la ignorancia y ha fundado la Escuela Nocturna de Artesanos y jornaleros, que a juzgar por el resultado obtenido en los cuatro últimos meses de este año en que ha estado abierta, tiene el éxito asegurado. Podemos ya contar en esta capital con toda una generación de obreros redimida de la esclavitud de la ignorancia a que por siempre estaba condenada, y veremos convertidos en conscientes ciudadanos a los que no habrían sido sino instrumentos de mezquinos intereses.

Imítese en las demás poblaciones de Honduras ese ejemplo por todos los obreros; sigan el de éstos los campesinos; y, unidas y obrando en concierto esas dos agrupaciones que forman la población más viril de la nación, en pocos años esta sección de la América Central ofrecerá un valioso contingente a sus hermanas, para hacer reaparecer la patria de nuestros mayores.

("El Tren" número 32, de 19 de diciembre de 1889.)

EL PARTIDO NACIONAL CENTROAMERICANO[15]

El Pacto de Unión Provisional de Centroamérica, celebrado por los Representantes de las cinco Secciones de la última Dieta Nacional, ha sido objeto de muy diversas apreciaciones, según las opiniones más o menos conservadoras, más o menos liberales, de los críticos que de él se han ocupado.

Los separatistas absolutos, incondicionales, cuyo principal núcleo lo forman los viejos conservadores granadinos, tienen el gran mérito de la franqueza, porque rechazan el Pacto por serlo de unión, y profesan y enseñan la doctrina de que para las cinco Repúblicas del Centro es más conveniente la autonomía, y que, principalmente para Nicaragua, le es más provechoso el aislamiento.

Por el contrario, los separatistas vergonzantes, embozados, que son los modernos conservadores, los que usan la careta que requieren las circunstancias, que proclaman en voz alta los más opuestos principios, según creen agradar al que manda, que se muestran hoy decididos partidarios de la unión, y sus encarnizados enemigos mañana, habiéndose visto ensalzar, con servil adulación, al caudillo que, a mano armada, intentó realizarla en el año de 85, y después de su muerte colmar de injurias y hasta de calumnias su memoria; esos separatistas, los más terribles enemigos de la causa nacional, lobos cubiertos con piel de oveja, que se introducen en el rebaño para devorarlo, aparentan aceptar con entusiasmo el Pacto Provisional, a reserva de trabajar sordamente por frustrar sus efectos, no creyendo deshonrosa la traición si creen que conduce a lograr su propósito, ni valerse de la calumnia para introducir en el ánimo de los Gobernantes la desconfianza contra los sinceros partidarios de la unión.

---

[15] Lo que entonces pidió el Doctor Bonilla para el Partido Liberal Centroamericano, es lo mismo que un año después realizó al organizar el Partido Liberal hondureño, destinado a realizar la unión, frustrada en 1889 como tantas otras veces antes y después.

En dos bandos también están separados los nacionalistas. Los unos creen que con el uso de los medios pacíficos se pierde inútilmente un tiempo precioso, y quieren la reconstrucción de la patria iniciada por un caudillo prestigiado, que, enarbolando la bandera bicolor de las cinco estrellas, con el lema "por la razón o la fuerza," arrebate de entusiasmo a los amigos de la causa, arrastre a los tímidos o indiferentes, aniquile a los adversarios, paralizando o inutilizando sus maquinaciones, y consolide la opinión pública en favor de su obra, más fácilmente con el éxito que con los mejores razonamientos o con la más hábil diplomacia.

Los otros creen que la fuerza no funda nada estable y no debe comenzarse por ella: reconocen que Centroamérica necesita la unión, que hay elementos e intereses suficientes para crearla y mantenerla, necesitando sólo ponerlos en contacto, reunirlos, para que la opinión pública se pronuncie de una manera irresistible; pero si no han de ser desgraciados utopistas, tienen que aceptar la legitimidad del empleo de la fuerza para defender las pacíficas conquistas que se hayan logrado, y lo que han rechazado al principio, habrán de aceptarlo al fin.

Así divididas las opiniones de los unionistas, el Pacto Provisional merece para los primeros la calificación de un arreglo transitorio, cuya ineficacia quedará probada desde los primeros pasos, y hará necesario el empleo de medios más enérgicos; y para los segundos, la del más avanzado esfuerzo que en pro de la unión podría hacerse en la actualidad. Sin embargo, unos y otros, si son sinceros partidarios de la causa centroamericana, si no quieren agotar sus esfuerzos en estériles disensiones, mientras sus enemigos se cuentan y organizan y fomentan esas mismas disensiones, avivan las rivalidades locales y no pararán quizá hasta haber introducido la anarquía y logrado frustrar o retardar, por lo menos, la realización del proyecto, los unionistas todos, decimos, deben reconocer la necesidad, la urgencia de organizar con elementos suyos propios el partido nacional, sin perder momento, porque después de lanzado el reto a los separatistas, éstos habrán aprovechado el tiempo y a la fecha estarán para madurar sus planes.

No discutamos, pues, sobre lo que hubiera podido o debido hacerse al celebrarse el Pacto Provisional: aprovechemos lo hecho, aprovechemos la estipulación contenida en el artículo 18, que impone a los Gobiernos que lo hayan aceptado, la obligación de fomentar la más activa y perseverante propaganda en favor de la idea nacionalista, por la palabra y por la prensa, y procurando la organización de juntas de inscripción de los partidarios de ella, que aspiren a verla realizada como antes definitivamente.

Secundando las miras de los representantes a la Dieta que eso estipularon y de los Gobiernos que lo han aprobado, se han levantado actas de adhesión a la causa de la unión, cubiertas con numerosas firmas. Dignas de aplauso son tales manifestaciones, pero, a nuestro juicio, no llenan el objeto deseado: no creemos que puedan servir de termómetro de la opinión.

Los que las firman no se conciertan previamente, y no puede saberse si tienen unidad de propósitos: ni siquiera puede saberse si entienden lo que hacen. Sobre todo, bien sabido, como es, que de tiempo inmemorial en Centroamérica, las actas han sido un arma de Gobierno, que con frecuencia se ha empleado para justificar los mayores abusos del despotismo, y constantemente ha sido su principal objeto la adulación del poderoso, no puede saberse si los pueblos en esta ocasión creen simplemente obedecer un mandato de la autoridad, o verdaderamente comprenden que la sinceridad de su adhesión sería la base de la prosperidad de su patria: no puede saberse si muchos de los que tales actas firman serían o no capaces mañana de suscribir una declaración contraria, si un gobernante separatista lo exigiese; y menos puede saberse cuáles, de entre los firmantes, son sinceros nacionalistas y cuáles enemigos disfrazados, de aquellos que hemos calificado de lobos entre un rebaño.

Para evitar tales inconvenientes y aprovechar, sin embargo, los patrióticos sentimientos que felizmente animan a la mayor parte de los centroamericanos; para convertir a los bien intencionados ciudadanos en activos colaboradores, en incansables propagandistas del gran ideal, y, llegado el caso, en valerosos soldados, que, con la conciencia de su deber y de su misión, sabrán sacrificarse por defenderlo, preciso es agruparlos, contarlos, disciplinarlos, organizarlos, en fin, bajo la bandera de la unión, formando el gran partido nacional centroamericano que, frente a frente de los separatistas, francos o embozados, entable la lucha, y golpe tras golpe, los conduzca a hundirse en los abismos de donde salieron en el año fatal de 1839.

Tal es el alcance que damos a la estipulación del artículo 18 del Tratado, y aun creemos que quizá no sea todo el que le dieron sus autores. En él mismo encontramos indicado el principal de los medios de realización que deben emplearse.

Fundar clubs unionistas en cada una de las capitales de los cinco Estados, que, con un programa sencillo pero expresivo, de antemano convenido y por todos aceptado, se encarguen de la propaganda de la idea; de combatir a sus adversarios y proteger a los amigos de la causa contra las acechanzas de aquéllos; de fundar, a su vez, clubs departamentales y locales, que, sujetos a la necesaria disciplina, secunden sus esfuerzos; de fundar y hacer que se funden periódicos nacionalistas, como medio eficaz para el logro de sus fines; de convertir a cada uno de los miembros de la asociación en propagandista y hombre de acción, y de empeñarse decididamente en la extinción de los antiguos odios y motivos de rivalidad entre los diferentes Estados.

Para la organización de estos clubs, importa mucho que la iniciativa parta de los hombres más conocidamente adictos a la causa, sin antecedentes que los hagan sospechosos, y se tomen las necesarias precauciones para que en ellos no se introduzcan los traidores, o los hombres cuya volubilidad podría enervar su acción.

Así organizado, el gran partido nacional centroamericano tendrá vida propia, y la suerte de Centroamérica no dependería de un cambio en el personal de los Gobiernos; tendría la necesaria independencia para secundar la acción de éstos en cuanto se encamine al fin propuesto, para empujar a los que traten de detenerse en el camino, para resistir a los que pretendiesen retroceder o servirse de él como instrumento de personales intereses, y para pasar por sobre los que se convirtiesen en enemigos de la patria.

Confesamos con franqueza que con nuestras opiniones proclamamos la revolución, la más santa, sí, de cuantas puedan conmover nuestro suelo, porque creemos que sólo a ella puede deberse, de una manera estable, la unidad nacional de Centroamérica;

convicción que hemos expresado ya en nuestro editorial del número anterior. Si los Gobiernos quieren hacer fructuosos sus patrióticos esfuerzos, háganse revolucionarios, pero sin olvidarse de que una vez dado el impulso al movimiento, pretender detenerlo sería convertirse en su víctima; sin olvidarse de que necesitan gran caudal de abnegación para sacrificar tal vez sus justas esperanzas de renombre, al confundir su acción en la acción común del partido, al ponerse al servicio del patriotismo, en vez de convertir a éste en su instrumento.

A grandes rasgos hemos expuesto nuestras ideas sobre la importancia del partido nacional centroamericano, que tarde o temprano habrá de organizarse. Quizá nos atrevamos a exponerlas después, con algún detenimiento, también sobre los medios prácticos de realización.

(De "El tren" número 33 fecha 26 de diciembre de 1889).

HAGAMOS JUSTICIA

En la última noche del año que acaba de expirar, 1889, se verificó en el salón principal de la Universidad una reunión de carácter verdaderamente popular, como raras veces se ve tales.

Cumpliendo el Presidente de la República con uno de los ofrecimientos que hizo a la Sociedad de Artesanos el día de la distribución de premios a la Escuela Nocturna, en la noche a que nos referimos, presidió la cena por su orden preparada, y con la cual obsequió a más de ciento treinta alumnos de la escuela.

Vimos con placer que los convidados guardaron en la mesa tal compostura, tan cultas maneras, que sólo podrían exigirse a personas de esmerada educación. Nadie cometió la más ligera falta; lo que desgraciadamente no puede siempre decirse de reuniones a que concurren personas de más elevada clase social, que son o pretenden ser caballeros. Daremos una prueba:

Al concluir la cena, para que el joven Rafael G. Colindres, encargado de pronunciar una alocución, a nombre de sus compañeros, cumpliese su comisión, el Presidente tocó la campanilla, y, como por encanto, cesaron instantáneamente todas las alegres conversaciones que los jóvenes y los niños mantenían entre sí. Concluida la alocución, continuaron sus interrumpidas pláticas, y llamándoseles nuevamente la atención, volvieron a suspenderlas de momento, para oír la palabra del señor Presidente Bográn. Confesamos que muy rara vez nosotros, en nuestros banquetes, somos tan puntuales en el cumplimiento de este deber de buena educación; y reconozcamos el primer fruto de la escuela, que en sólo cuatro meses ha pulido de tal manera la tosca educación de los alumnos que recibió.

La alocución del joven Colindres, que tiene el especial mérito, según fuimos informados, de ser su propia obra, y sólo corregidos sus más notables defectos de forma por uno de sus profesores, expresó debidamente el sentimiento de que tanto la Sociedad de Artesanos como los alumnos de la escuela están poseídos: la gratitud hacia el Presidente Bográn, por el apoyo que les ha prestado, y más que eso, por los importantes ofrecimientos, que bien saben, cumplirá puntualmente, porque ha comenzado a hacerlo.

Las palabras que el Presidente dirigió a los alumnos estaban también llenas de sentimiento, de ese sentimiento de placer que siempre produce el cumplimiento del deber, no comparable con ningún otro goce. Muy superior al placer que experimenta el rico en deslumbrar con su lujo y esplendor; al que experimenta el General al cesar el fragor de una batalla, coronada con un triunfo debido a su pericia; al que experimenta el hábil político o diplomático con el engaño o derrota de sus adversarios, aunque a eso deba ver satisfecha su ambición; porque a todos estos goces puede mezclarse un remordimiento, que tarde o temprano se convertirá en dolor agudo y hará de su conciencia un demonio atormentador.

No sin razón, pues, el General Bográn, en el acto de que nos ocupamos, se hallaba verdaderamente emocionado. Nosotros, convencidos de su sinceridad, nos apresuramos a congratularlo. Nos preciamos de no haber adulado nunca al poderoso, de no haberle dicho nunca una mentira halagadora, y de ello ponemos por testigos a cuantos nos conocen; pero creemos un deber nuestro hacer justicia, cuando justicia es debida. Congratulamos al General Bográn en aquel momento, y le felicitamos de nuevo ahora, porque ha aumentado con una buena obra el peso del platillo que contendrá sus méritos como Gobernante, cuando haya descendido del Poder y el pueblo y la historia tengan en su mano la balanza de la justicia, y con absoluta imparcialidad, que sólo entonces será posible, resuelvan si ha merecido la gratitud o la reprobación de su patria.

A las palabras del General Bográn, llenas de patriotismo, respondieron los alumnos de la escuela, que representan el pueblo del mañana, y todos los presentes, sin excepción, con un prolongado aplauso; y su nombre, al disolverse la reunión, fue objeto de entusiastas vivas.

Creyendo, como creemos, en la sinceridad de los sentimientos que en aquel acto expresó el General Bográn, creemos también que el entusiasmo que provocó era sincero, porque el pueblo, cuando obedece a su propio impulso, no es adulador, y sabe apreciar el bien que se le hace.

Esto probará al Presidente Bográn, que si continúa haciendo distinguirse su administración con repetidos actos de patriotismo, como el de apoyar e impulsar la difusión de la enseñanza entre los artesanos y jornaleros; que si continúa llamando la atención pública sólo por el bien que haga, los aplausos que oyó el último día del año de 1889, los oirá también el día en que vuelva a la vida privada, y hasta su tumba penetrarán las aclamaciones de la posteridad.

EL SALVADOR

No hemos tenido tiempo de dar cuenta a nuestros lectores de la rebelión que, encabezada por el General Rivas, estalló en la vecina y hermana República, y ya tenemos la satisfacción de anunciarles, lo que es notorio en esta capital, que ha sido completamente extinguida al nacer el fuego de la anarquía, que parecía haberse encendido por largo tiempo en aquel suelo.

Sinceros admiradores como somos del honrado y liberal Presidente Menéndez, a quien consideramos como el modelo de gobernantes republicanos, no hemos podido menos que reprobar la rebelión, que consideramos como injustificable; y, sobre todo, al ver convertido a un militar como el General Rivas, que ha encanecido en las batallas y tan buenos servicios había prestado a su patria, en instrumento de sus propios enemigos, de los mismos quizá que, al lado del General Menéndez, tantas veces ha combatido. Tarde es ya para que el General Rivas aproveche para sí la lección, pero sirva para otros, que no deberán nunca sacrificar su honra y hasta su gloria en aras de su personal ambición, excitada por los que sólo se proponían, de seguro, aprovecharse de la discordia, para volver a colocar la República de El Salvador en la situación de que la sacó el Gobierno del señor Menéndez.

Terminada la rebelión, suena la hora de la piedad y del castigo. De la piedad, para la gran mayoría de los sediciosos, que habrá secundado la rebelión engañada. Castigo, para los jefes, verdaderos responsables. Pero seguros estamos de que éste, por más que deba ser severo, no llegará hasta el derramamiento de una gota de sangre en el patíbulo, porque el General Menéndez nunca lo ha levantado, ni lo levantará jamás. La vida del mismo caudillo, si cae en sus manos, estará segura en ellas. Los antecedentes definen a un hombre, y ellos nos autorizan para no vacilar en nuestras anteriores afirmaciones.

Siga el General Menéndez su camino, procurando tener la conciencia del deber cumplido, y confíe en que el pueblo salvadoreño, de espíritu levantado como es, continuará prestándole su apoyo y honrará su nombre al descender del poder, entregándolo al sucesor digno de él, que el pueblo sabrá elegir.

Y hacemos constar que nuestra buena opinión acerca del Gobierno del General Menéndez no nace de nuestra personal observación, porque nunca hemos pisado el suelo salvadoreño. Tampoco descansamos en las apreciaciones de la prensa oficial de aquel país, porque sería testimonio de parte interesada. Descansamos en las confesiones de la prensa de oposición, que, cuando le ha colmado de injurias, se ha visto obligada a declarar que el país disfrutaba de la más completa libertad, y que él no se había apropiado jamás un solo centavo del Tesoro Nacional; y descansamos también en la misma prensa de oposición, que desde septiembre del año anterior reconoce, además de aquellas cualidades que son la base de un buen Gobierno, tantas otras, que nos inspiran la idea de llamarle gobernante modelo.

ESTUDIOS CONSTITUCIONALES

I

En todo país donde existe una constitución escrita, ya sea la forma de gobierno monárquica o republicana, esa ley fundamental debe ser cumplida con lealtad por los que mandan, respetada por los que obedecen, y mirada con veneración por todos, si no se quiere que sea tenida como un sarcasmo al invocarla el gobernante, o como objeto de burla a los ojos del pueblo.

La Constitución Política del país debe ser para el ciudadano lo que los libros santos de su religión para el creyente; y sus dogmas son más fáciles de respetar; y sus preceptos más fáciles de cumplir, porque están redactados en lenguaje claro, al alcance del vulgo, y no en el lenguaje místico y parabólico usado en el Antiguo Testamento, en los Evangelios, en el Corán y, en general, en todos los libros sagrados cuya interpretación se ha reservado como un privilegio de la clase sacerdotal.

Bajo otro aspecto considerada, la Carta Fundamental es un verdadero pacto entre el pueblo y sus gobernantes, que confiere a éstos derechos, sólo a condición de cumplir sus obligaciones. Si distribuye el ejercicio del poder público y encomienda a unos pocos el derecho de mandar, imponiendo al mayor número la obligación de obedecer, dice también que ese poder no es absoluto, que sólo puede ejercerse dentro de los límites que le señala; y si son traspasados, como en todo pacto no cumplido, hay derecho de resistencia, único medio de evitar que el Código destinado a proteger a los ciudadanos, a asegurarles el uso de sus libertades, se convierta en instrumento de opresión.

No pretendemos ocuparnos de los abusos que el poder comete con la fuerza armada, porque contra esos no queda otro remedio que la resistencia también a mano armada; y no puede hacerse estudio alguno de provecho sobre el uso que de ésta debe hacerse, porque depende sólo de las circunstancias y de la naturaleza del abuso cometido. Nos proponemos estudiar el remedio contra las extralimitaciones del poder que tienen la apariencia del derecho; y, para ser concreto, tomaremos como base de nuestras apreciaciones nuestra Carta Fundamental, tratando de encontrar en ella mismos los medios de hacerla respetar y cumplir.

Al distribuir nuestra Carta el Poder Público en cuatro Departamentos: Legislativo, Ejecutivo, Judicial y Municipal; al señalar a cada uno la órbita de sus atribuciones, prohibiéndole salirse de los límites que le ha trazado, ha querido darles la necesaria independencia. Pero al imponer también a los funcionarios públicos la responsabilidad de sus actos, ha establecido un recíproco control, a fin de que aquella independencia no produzca la desorganización del poder, la anarquía. Y queriendo alejar tanto este peligro como el del absolutismo, a ninguno de los Departamentos del Gobierno ha conferido el Poder Supremo; y por eso es tan impropio decir Soberano Congreso Nacional, refiriéndose al Legislativo, como decir Supremo Gobierno, refiriéndose al Ejecutivo. Esta doctrina está condensada en la fórmula de la promesa que la Constitución exige a todo empleado: "cumpliré y haré cumplir la Constitución y las leyes, ateniéndome a su texto, cualesquiera que sean las órdenes que las contraríen y la autoridad de que emanen."

Si todos los funcionarios públicos, al prestar esta promesa, se penetrasen de su sentido y de toda su importancia; si al leerla no lo hiciesen como una recitación, sino pesando cada una de sus palabras, y creyesen haber contraído un compromiso de honor, cuya violación les acarrease la infamia y el desprecio de sus conciudadanos, entonces no tendríamos más luchas que las del estímulo en el cumplimiento del deber, y la marcha del Gobierno sería pacífica y regular, y ningún abuso de poder podría consumarse.

Que la violación de la Carta Fundamental esté consumada sin lugar a reparación; no puede pretenderse que el ciudadano cuyos derechos y garantías se hayan violado con la ley, deba resignarse y soportar las consecuencias; porque eso sería hacer de la Constitución un juguete, que sirviera al pueblo como a un niño, de entretenimiento, pero no de provecho.

Por el contrario, creemos que es llegado el caso, para todo empleado público, de cumplir la promesa constitucional. Hay quien reclame contra esa ley, hay quien pretenda que haciendo aplicación de ella se han herido los derechos de su personalidad; pues el funcionario ante quien se hace esa reclamación en cada caso concreto, debe examinar si la ley secundaria que se ha aplicado es contraria a la ley fundamental; y si así la encuentra, debe resolver que no debió aplicarse aquélla sino ésta; como resolvería en el caso de conflicto de dos leyes secundarias, optando por la posterior en fecha o por la que tuviese otro motivo de preferencia. Y repitiéndose así las resoluciones siempre que al tratarse de aplicar la ley se encuentre en cada caso que es contraria a la Constitución, quedará de hecho derogada, mientras el Congreso, cediendo a la fuerza irresistible de la opinión, rectifica su error. Se dirá, quizá, que esa facultad en el funcionario, de resolver sobre la constitucionalidad o inconstitucionalidad de la ley, para aplicarla o no, expone al riesgo de hacer la ley ilusoria, y al empleado arbitrario; pero ese riesgo es sólo aparente, porque ese funcionario es responsable por sus actos, y sabe que si yerra le espera el castigo.

Si no es el Congreso, sino el Poder Ejecutivo, el que dicta una ley, sin tener facultad para legislar en ese ramo, o que al reglamentar la aplicación de una ley la contraría, o bien que dicta órdenes inconstitucionales o ilegales, ejecución objetarlas, y sólo después de la insistencia habrá de brarse de responsabilidad, y que ésta recaiga en el ordenador. Si la disposición inconstitucional tiene su origen en el Poder Municipal, el remedio es más fácil de aplicar, porque la órbita de sus atribuciones es muy reducida, y estrechos los límites del territorio en que la ejerce.

Para impedir que sus abusos se consumen, o para deducir la responsabilidad de sus funcionarios, se tiene más cerca el Superior o el Tribunal que los juzga.

En cuanto al Poder Judicial, sólo en casos concretos puede infringir la Constitución. Puede decirse que sus violaciones sólo pueden ser de trascendencia cuando son ejecutadas por la Corte Suprema de Justicia, única que no tiene superior que pueda revocar sus providencias y deducirle inmediatamente responsabilidad; pero siempre puede hacerse efectiva ante el Congreso.

La promesa constitucional liga a todos los funcionarios de la Nación; pero es indudable que, atendida la especial organización y atribuciones del Poder Judicial, la inamovilidad de sus empleados que les da más independencia, y la mayor facilidad de hacer su responsabilidad eficaz, toca a los Tribunales de Justicia velar por el fiel cumplimiento de la Constitución y la Nación, resolver en cada caso si la ley que se invoca es inconstitucional, o si, siendo reglamentaria, es contraria a la ley principal, para no aplicarla en cuanto lo rija, para desecharla en absoluto; si es una orden a quien de ella sea víctima; y en todos estos casos, el Juez fallará fundándose ante todo en la Constitución, y después en las leyes secundarias en cuanto se conformen con ella.

Si los Jueces correspondieran a su elevada misión y cumpliesen con ese sagrado deber, la Constitución sería verdaderamente, para el hondureño, la salvaguardia de su personalidad, y no habría riesgo de que quedase convertida en letra muerta.

Hemos hecho estas consideraciones muy a la ligera, si se atiende a la importancia de la materia, porque es nuestro propósito solamente que nos sirvan de base para el desarrollo de temas concretos de derecho constitucional patrio, que nos proponemos hacer en otros artículos.

(De "El Tren" número 36, fecha 16 de enero de 1890.)

LEY PARA MUNICIPALIDADES Y GOBERNADORES

La Constitución vigente introdujo en nuestro derecho público una verdadera novedad, al declarar en su artículo 83 que el municipio es autónomo. Ninguna de las Constituciones que han regido el país había hecho tan importante declaración; y por lo mismo interesa conocer su verdadero sentido, todo su alcance, para apreciar debidamente la influencia que esa innovación ha debido ejercer en la legislación secundaria.

Entendemos por autonomía del municipio, la facultad que tienen los pueblos de gobernarse a sí mismos, en todo lo que se refiere a sus intereses locales; y al dar esta definición, no hacemos más que conformarnos con la que da el Diccionario de la Lengua Castellana. Cada municipio constituye un pequeño estado, cuyo gobierno, debiendo ser representativo, por ser la forma adoptada para el de la Nación, se encarga a las Municipalidades. De consiguiente, deben éstas hallarse investidas de las facultades legislativas, ejecutivas y judiciales, para poder dictar las leyes que fomenten o protejan los intereses locales, para hacerlas cumplir y para juzgar sus infracciones; sin más restricción que el respeto a las leyes que rigen los intereses generales de la Nación. Pero ninguna ley general, y mucho menos la ley que organiza las Municipalidades y señala sus atribuciones, puede privarlas de la independencia que necesitan para mantener la autonomía de los pueblos que representan; porque violaría el principio proclamado en nuestra Carta: sería inconstitucional.

Hechas estas consideraciones, examinemos si la ley para Gobernadores y Municipalidades, dictada por el Congreso de 1885, y las reformas que posteriormente se le han hecho, corresponden a los propósitos que tuvo el Legislador Constituyente.

En el artículo 41 considera a las Municipalidades como Corporaciones económico-administrativas; agregando que sólo pueden ejercer las funciones que por las leyes les están encomendadas. En esto último no ha hecho más que repetir las palabras del artículo 83 de la Constitución, que dispone lo mismo, pero después de haber declarado que el municipio es autónomo, y por consiguiente bajo la condición de que las leyes respeten esa autonomía.

El artículo 42 dice: "Es de la competencia de las Municipalidades la gestión, gobierno y dirección de los intereses peculiares de los pueblos;" determinando en seguida algunas de las atribuciones que para llenar ese objeto les concede, las cuales creemos, en verdad, suficientes y muy conformes con el principio de autonomía de los municipios. Ninguna objeción tendríamos que hacer a la ley de que nos ocupamos si el mismo espíritu hubiera inspirado sus demás disposiciones. Pero viene en seguida el artículo 44, que declara ineficaces "las ordenanzas de policía urbana y rural que las Municipalidades acuerden para el régimen de sus respectivos términos, si no son previamente aprobadas por el Gobernador;" y con esta disposición se coloca a aquellas Corporaciones bajo la absoluta dependencia de los superiores; y, por consiguiente, queda nulificada su autonomía.

No basta que en el inciso segundo se disponga que los puntos de desacuerdo entre las Municipalidades y Gobernadores serán resueltos por el Gobierno; porque el poder que éste ejerce es extraño también al municipio. Habría bastado, sí, la prohibición que contiene el mismo inciso, de contrariar en las ordenanzas las leyes generales del país; porque, precisamente, las ordenanzas tienen por objeto desarrollar esas leyes, reglamentar su aplicación, o llenar los vacíos que naturalmente tienen que dejar, por no poder tomar en cuenta intereses y circunstancias especiales de cada localidad.

Estos intereses locales son los que la Constitución ha querido que sean protegidos por los inmediatos representantes del municipio, que son los que pueden conocer mejor sus necesidades y atenderlas; porque residen en el pueblo, se hallan en inmediato contacto con sus habitantes, reciben sus inspiraciones, participan de sus esperanzas y temores, corren los mismos riesgos, y por eso es de sentirse que la ley no haya declarado que las Ordenanzas Municipales, el medio más eficaz de atender a aquellos intereses, son de la exclusiva competencia de las Municipalidades, como lo ha declarado respecto a las demás atribuciones de éstas; es de sentirse que las haya dejado sujetas a la aprobación del Gobernador, cuyo poder no emana directamente del municipio, que reside fuera de sus límites, y regularmente a muchas leguas de distancia, que con frecuencia no conocerá siquiera la localidad en que la Ordenanza ha de regir, y que estará siempre predispuesto a juzgar tomando en cuenta, no las circunstancias especiales de ella, sino las del lugar donde resida, aunque sean muy diferentes y hasta contrarias. Y es más de sentirse aún, porque esa disposición no es sólo una mala ley, científicamente considerada, sino una ley inconstitucional.

Podría alegarse que si las Municipalidades tienen tanta independencia, fácilmente podría introducirse la anarquía, y no podría ponerse remedio a los abusos que cometieran, ni podría hacerse respetar y cumplir la ley general, cuando fuere contrariada por las disposiciones locales. Ante todo, si tales objeciones fueran incontestables y no fuera posible salvar esos inconvenientes, no por ello se justificaría la ley; porque el principio constitucional existe y hay que aceptar sus consecuencias, sean cuales fueren. Tales observaciones pudieran ser tomadas en cuenta por el Legislador Constituyente, pero no por el Congreso ordinario. Mas no creemos nosotros que haya tales peligros, o que no haya remedio para ellos; y menos podemos creer que sometiendo las Municipalidades a la autoridad del Gobernador departamental se haya salvado la dificultad. Por huir de un peligro se caería en otro; por proteger intereses generales, se correría el riesgo de que, por ser éstos mal entendidos, se sacrificasen los intereses locales, siendo tan sagrados los unos como los otros.

A nuestro juicio, al reformar la disposición legal que combatimos, no se haría más que ensanchar la esfera de acción independiente de las Municipalidades; y las dificultades que surgieran se resolverían de la misma manera que deben resolverse las que resultan de las funciones que la ley les encomienda exclusiva e independientemente, que son muchas, respecto de las cuales, según el artículo 105 de la ley, el Gobernador no debe ejercer autoridad alguna.

Verdad es que, a pesar de haber dejado la ley la autonomía a los Municipios en muchos casos, no se ha ensayado aún, porque los Gobernadores generalmente han entendido que por la vía de apelación pueden rever todos los acuerdos de las Municipalidades, sin tomar en cuenta que el artículo 101, en relación con el 100, les da esa facultad solo cuando los acuerdos recaigan sobre asuntos que, según la misma ley u otras especiales, no sean de su competencia; y sin comprender, por lo mismo, que en los demás casos cometen usurpación de atribuciones si entran a reformar o a revocar el acuerdo municipal.

Los remedios para evitar o poner término a los conflictos que surjan entre la legislación del país y la especial de los Municipios están indicados y experimentados con éxito en las naciones donde rige el sistema de gobierno federal. No nos ocupamos de ellos porque sería salirnos de nuestro principal objeto y darle demasiada extensión a este estudio.

Algunas otras disposiciones de la ley de que nos ocupamos, relacionadas con el artículo 44, o que obedecen al mismo espíritu, son contrarias al principio fundamental de la autonomía del Municipio; pero merecen preferente atención las que determinan la manera de hacer efectiva la responsabilidad de las Municipalidades por los abusos que cometan en el ejercicio de sus funciones.

El artículo 107 dispone que esa responsabilidad se deduzca ante el Gobernador departamental. Si esta disposición se limitara a las faltas cometidas en relación con las leyes generales, o en otros términos, si solo se refiriera a los casos en que los miembros de las corporaciones municipales son agentes del Poder Ejecutivo, uno de los escalones de la jerarquía administrativa; si no comprendiera también sus actos como cuerpo independiente, su autonomía no peligraría. Pero no solo no hace excepción, sino que entre los motivos de responsabilidad indica el artículo 106 la desobediencia a sus superiores en el orden jerárquico; y habiendo de ser sus jueces los mismos que les comunican órdenes, tendrán que cumplir estas, aunque sean indebidas, aunque dañen los intereses locales que les están encomendados, porque su desobediencia será de seguro castigada, a pesar de que esté de su parte la justicia.

Este mismo artículo disponía que si el Gobernador encontraba que se había cometido una falta, impondría una multa al acusado; y si resultaba que se había cometido un delito oficial o común, destituiría al acusado, poniéndolo a disposición de la autoridad que debía juzgarlo.

Por no haber puesto en relación este artículo con el 144, varios Tribunales de Justicia entendieron que no tenían jurisdicción para conocer de los delitos de las Municipalidades, si previamente no declaraban los Gobernadores que había lugar a formarles causa por estos delitos; a pesar de que el artículo últimamente citado decía, refiriéndose a la deducción de responsabilidad contra los Gobernadores y Municipalidades, y a la obligación del superior que conocía de la acusación, de ponerlos a la disposición de quien debiera juzgarlos, que esto se entendía sin perjuicio de la jurisdicción ordinaria.

Nosotros sosteníamos entonces, fundados en la misma ley, por las razones apuntadas, que no era necesario el juicio administrativo para que los Tribunales ordinarios juzgasen y castigasen los delitos oficiales de los Gobernadores y Municipalidades; pero un decreto del Congreso en sus sesiones de fines de 1881, vino a establecer terminantemente lo contrario; y desde entonces, aunque mantenemos nuestra opinión, la fundamos en distintas razones: la fundamos en la inconstitucionalidad de la ley que lo declara necesario.

Muchos son los principios fundamentales que tal disposición infringe.

Tenemos, el primero, el artículo 23 de la Constitución, que determina los casos de juicio político o previo, para que los Tribunales comunes puedan castigar los delitos oficiales que cometan, y lo declara necesario sólo para juzgar al Presidente de la República, los Magistrados de la Corte Suprema, los Secretarios de Estado y los Agentes Diplomáticos; y aun deja comprender, claramente, que se necesita sólo mientras están ejerciendo sus funciones, porque este juicio político no puede tener otro efecto que deponer al acusado. De manera que si ha cesado en sus funciones, ese juicio carece de objeto.

A ningún otro empleado concede la Constitución ese privilegio; y no es una simple omisión, sino la derogación del principio aceptado por la Constitución anterior, que exigía la declaración hecha por un Tribunal especial de haber lugar a formación de causa, para poder ser juzgados por los Tribunales comunes, entre otros empleados, los Gobernadores Políticos.

De consiguiente, éstos y las Municipalidades se encuentran en la misma condición que todos los empleados públicos; y al concederles el privilegio que combatimos, la ley ha violado no sólo el artículo 23 de la Constitución citado, sino también el 78, que dice: "La facultad de juzgar y ejecutar lo juzgado pertenece, exclusivamente, a los Tribunales de Justicia. Ni el Congreso, ni el Presidente de la República, pueden, en ningún caso, ejercer funciones judiciales."

Vamos ahora a considerar la cuestión bajo otro aspecto. Los Gobernadores o Municipalidades, al abusar de sus funciones, pueden atentar contra las garantías individuales que la Constitución otorga a los hondureños; pueden privar a un ciudadano de su libertad, de su propiedad y aun de la vida. La víctima de tales atentados quiere el castigo del culpable; pero para lograrlo tiene que presentar antes su acusación ante el inmediato superior, quien, procediendo administrativamente, y con juicio discrecional, resolverá el caso. Si declara que no hay delito, resulta el delincuente absuelto, sin haber sido positivamente juzgado: resulta la impunidad del atentado, y anuladas las garantías individuales.

Y en muchos casos, con demasiada frecuencia, sucederá que el atentado haya sido cometido en cumplimiento de una disposición general del superior, o de una orden especial; y a pesar de esto la ley obliga al acusador a pedir la reparación ante el verdadero autor de la ofensa, que muy lejos estará de deducir al inferior una responsabilidad que es suya propia. El juicio previo en tales casos es verdaderamente el escarnio de la justicia. Felizmente el artículo 12 de la Constitución, que declara los derechos del hombre, que fija las garantías del ciudadano, dice: "Las leyes reglan el uso de estas garantías de derecho público; pero no podrá darse ley que, con ocasión de reglamentar u organizar su ejercicio, las disminuya, restrinja o adultere en su esencia."

Tales razones nos convencen de que la ley, al declarar necesario, para que pueda imponerse el castigo que merecen los Gobernadores o Municipalidades delincuentes, el juicio previo del inmediato superior, es inconstitucional. Y consecuentes con nuestra opinión, nosotros, si alguna vez nos hallásemos en el caso de conocer como superiores en el orden administrativo de una acusación semejante, nos declararíamos incompetentes; y si como Jueces se presentase directamente ante nosotros la acusación, conoceríamos de ella y decretaríamos prisión, si había mérito, al procesado; aceptando de antemano tranquilos la responsabilidad que pudiera sobrevenirnos, si los Tribunales superiores declaraban que la disposición de la ley debía aplicarse a pesar de ser inconstitucional; porque creemos que un Juez recto y patriota no debe nunca elegir el camino que le da más seguridad personal, sino el que sea conforme con sus convicciones, y el que tienda a mantener en su vigor la Constitución, cualesquiera que sean las órdenes que la contraríen y la autoridad de que emanen, como lo ha prometido al tomar posesión de su empleo.

Dimos preferencia a este tema para hacer el primer estudio de los que tenemos ofrecidos, porque consideramos la institución de los Municipios como la base de la organización republicana adoptada en Honduras. Desde los tiempos antiguos fueron la cuna de la libertad. A medida que fueron conquistándola, fue desmoronándose el feudalismo primero, el absolutismo después, y ganando el pueblo lo que perdían sus señores, hasta obligar a los Monarcas a cambiar la orgullosa expresión "El Estado soy yo" por la de "Soy el representante de la Nación."

Por eso lamentamos que los elevados propósitos de la Asamblea Constituyente de 1880 se hayan desconocido en Honduras: que al legislar se haya prescindido de la autonomía concedida a los Municipios, y no se haya podido ensayar hasta hoy esa importantísima innovación introducida en nuestro derecho público, que, acostumbrando a los hondureños a gobernarse a sí mismos en su respectiva localidad, les habría enseñado a gobernarse a sí mismos en la Nación.

(De "El Tren" número 37 del 23 de enero de 1890.)

AL SEÑOR J. P. Z.[16]

I

Nos apresuramos a dar a usted las explicaciones que desea, sobre nuestro estudio constitucional publicado en el número anterior de este periódico; y decimos explicaciones, porque creemos bastarán para justificar las doctrinas que sustentamos, y quizá hasta para que usted y yo nos pongamos de acuerdo. Con razón se ha dicho "la discusión hace la luz." Nosotros creímos haber sido suficientemente claros; y sus observaciones nos convencen de que nunca al escribir se puede ser tanto como se desea.

"…tras esos no queda otro remedio que la resistencia también a mano armada, y no puede hacerse estudio alguno de provecho sobre el uso que de ésta debe hacerse, porque depende sólo de las circunstancias y de la naturaleza del abuso cometido."

De acuerdo con usted acerca de los peligros a que expone esta doctrina, dijimos que renunciábamos a entrar en senda tan resbaladiza, por temor de que, tratando el asunto a la ligera, nuestras ideas pudieran ser mal entendidas, y causa de perniciosos errores.

Como Ud., tememos tanto el despotismo como la anarquía; y nunca aceptaríamos ésta como remedio para los males que aquél ocasiona. Por eso nos limitamos a declarar el derecho de resistencia a mano armada, o, con otro nombre, el derecho de insurrección, como un remedio extraordinario. Y para alejar la necesidad de emplearlo, reconociendo lo peligroso que es para las instituciones, hemos dicho que creíamos de utilidad el buscar en nuestra Constitución misma los medios de coartar los abusos del poder, lo que fue el objeto de nuestro estudio.

---

[16] (9) El verdadero autor de los escritos firmados por J.P.Z. era, a su vez, Presidente Doctor Bonilla, General Bográn; ya sabiéndolo le sostuvo la polémica.

El derecho de insurrección, tan sagrado como todos los derechos del hombre, es el ejercicio directo que hace el pueblo de su soberanía. Si en los comicios al elegir sus representantes les delega el poder público, para que a su nombre lo ejerzan, al insurreccionarse no hace otra cosa que recobrar ese poder, que retiró la delegación, cuando los que lo ejercen violan el pacto constitutivo; cuando convierten ese poder que se les ha conferido en arma contra el pueblo, en instrumento de opresión; cuando en vez de dirigirlo a fomentar los intereses del pueblo, lo dirigen a fomentar los suyos propios; cuando en vez de proteger la libertad, la propiedad, la vida y todos los derechos del ciudadano, se sirven de él para arrancárselos; cuando los gobernantes se olvidan de que son simples mandatarios del pueblo, considerando a los ciudadanos como esclavos.

Que la insurrección se justifique. Preciso es que los medios de salvación existan.

Supongamos que un Presidente de la República comienza a dar señales de querer alzarse con el Poder, para ejercerlo en nombre propio y no como representante del pueblo.

Será la primera demostración, será su principal propósito anular las libertades individuales. Pero es también el primer deber de los ciudadanos usar de los remedios constitucionales para contener el abuso.

Si tratan de denunciarlo por la prensa, y se les prohíbe la publicación, e insistiendo, la fuerza se encarga de imposibilitarlos; si ocurren a los Tribunales pidiendo protección, o acusando al empleado abusivo, y los Tribunales sobornados, amenazados, intimidados o violentados, se niegan a oírle o ratifican el abuso; si tratando de reunirse para hacer una representación al Gobernante, o para prestarse mutuo apoyo, se les obliga por la fuerza a disolverse; si dando tiempo al mal, se presentan al Congreso acusando al Presidente por la violación de la Constitución y de las leyes y por los demás crímenes, o porque se ejerce sobre él la violencia, desecha ese pueblo oprimido y vejado, tiene derecho a sacudir el yugo, restableciendo el imperio de la ley.

No lo negarán ni los mismos gobernantes, si no se hallan en esa condición; y por el contrario, deben ser los primeros en interesarse por que se esclarezca bien ese derecho, para que, por ambiciones personales, no se trate de explotarlo. Si ellos mantienen abiertas todas las válvulas que la Constitución ha dejado para que el pueblo se desahogue, no deben temer que su cólera haga explosión; ni deben temer que se le engañe fácilmente, porque si hay libertad, ningún proyecto formado en el misterio podrá ser fecundo.

Mas, ¿cuál debe ser el límite de la paciencia del pueblo? ¿Cuál el momento oportuno para insurreccionarse? Cuestión es ésta de difícil solución; y como ya hemos dicho, no puede sujetarse a reglas. Sólo las circunstancias pueden determinarlo. Tenemos por cierto el axioma de que "los pueblos tienen el Gobierno que merecen;" porque si en un país un solo atentado del Poder queda impune, es bastante para oponer la fuerza a la fuerza, en otros serán sufridos diez, cien, mil, antes de creerse o de verse obligados a emplear ese remedio.

La verdad de ese axioma la aceptamos en relación con la mayoría de los habitantes de un país; porque en todos hay, o puede haber, patriotas que se sacrifiquen gustosos por salvar las instituciones, aunque estén convencidos de la inutilidad del sacrificio por el momento, pero seguros de que más tarde dará sus frutos. Y pueblo que no cuenta en su historia mártires de su causa, nobles ejemplos que imitar, es pueblo que difícilmente llega a animarse para defender sus libertades.

El derecho de insurrección, que aceptamos como un remedio necesario cuando se trata de defender el Poder Judicial vilipendiado, o el Poder Legislativo nulificado, o los derechos del hombre conculcados por el Jefe del Poder Ejecutivo, es legítimo también como defensor de la Constitución, y para cambiar la forma de Gobierno, y sea el Congreso el que, hollándola, logre subyugar al Poder Ejecutivo, o trate, por ejemplo, de dirigirle el libre ejercicio de sus atribuciones. Circunstancias tales son las que justifican el movimiento revolucionario que la opinión pública reclama; que reconocemos que, si en el otro caso se corre el riesgo, entronizar la tiranía.

Respecto a sus demás observaciones, nos bastará explicar que, al estudiar los remedios legales contra los abusos del Poder, no hemos proclamado el derecho de resistencia, sino por el contrario, el imperio de la Constitución, en la que hemos creído encontrar esos remedios.

Así estamos enteramente de acuerdo con Ud. en que hay que acatar las decisiones de los Tribunales de Justicia, cuando ya no hay recurso legal contra ellas; y por eso hemos dicho que las violaciones de la Constitución, cuando proceden de la Corte Suprema de Justicia, hay que perseguir la infracción, aunque hay siempre contra ella remedio. Y por la misma razón no podemos creer que el Presidente de la República o cualquier otro funcionario, declarado responsable por el Congreso, pueda resistir el cumplimiento.

Tampoco puede el inferior resistir el cumplimiento de la resolución de un superior constituido en Tribunal administrativo, ni el Juez o litigante la pena correccional que se le ha impuesto. Si ha habido simple error, hay que resignarse con lo que no es humanamente evitable; si ha habido abuso, queda el remedio de la acusación.

Por eso hemos dicho que el empleado inferior, del orden administrativo, para librarse de responsabilidad criminal, debe objetar la orden superior inconstitucional, y en caso de insistencia, cumplirla bajo la responsabilidad del superior; si bien debemos aclarar que el empleado que así obrase, se habría librado de la responsabilidad legal, en la generalidad de los casos, pero no de la responsabilidad moral. Así lo creemos: un Gobernador a quien el superior le ordene encarcelar a un ciudadano, privarle de su propiedad o de la vida, cumpliese su deber con sólo objetar primero la orden y después ejecutarla.

Ese Gobernador está en el deber, en caso semejante, de resistirse en absoluto, aceptando cualesquiera consecuencias; y si la desobediencia llega a calificarse de delito, hasta sufrir la pena, porque deberá considerarse más honrado con el grillete del presidiario al pie por haber tratado de impedir un crimen, que con el bastón de mando para ordenar tales atentados.

Hemos dicho también que por la independencia de su organización y muchas otras razones, toca a los Tribunales de Justicia el velar por el fiel cumplimiento de la Constitución; y repetimos que entre ellos se encuentra su principal baluarte.

Ellos, como encargados de interpretar la ley y de aplicarla, son los únicos que pueden resolver en cada caso, cuando la ley es o no conforme con la Constitución; y su resolución no implicará idea alguna de resistencia, como no la implica cuando faltan por error o malicia contra ley expresa en casos comunes. Si el Juez se equivoca al creer la ley inconstitucional, el superior enmendará la sentencia, y, en definitiva, será la Corte Suprema la que establezca el precedente. Si no queda ningún recurso ordinario, estará siempre expedito el de acusación.

Lejos de ver en esto la anarquía, encontramos el orden; porque el Poder Judicial tiene trazada una senda de que le es muy difícil separarse, y por su especial organización, por ser o deber ser extraño a la política, se halla menos expuesto a la arbitrariedad, y en aptitud de defender mejor la Constitución, cuyas violaciones obedecen, casi siempre, a intereses políticos.

Creemos, pues, que nuestra teoría está muy lejos de merecer el cargo de disolvente y anarquista; pues, tendiendo a encontrar remedios legales para todo mal de que el pueblo sea víctima, se le aparta del sendero peligroso de la insurrección, y se hace ésta imposible; porque se embotan, de antemano, las armas que podrían esgrimirse contra el Poder.

Nosotros, que desconfiamos siempre del acierto en nuestras opiniones, aceptamos con gusto toda discusión; y como usted, no sólo en este artículo, sino en otros varios que ha publicado, ha demostrado claro juicio y rectitud de principios, que es todo lo que se necesita para tratar con calma y mesura las cuestiones, tendremos a mucha honra el seguir siendo favorecidos con sus correspondencias. Seguros estamos de sacar de ellas provecho, y no dudamos que más de una vez habremos de rectificar los errores en que incurramos.

(De "El Tren" número 37 del 23 de enero de 1890.)

UNA ACLARACIÓN

No sin razón esperábamos al contestar, en el número anterior de este periódico, sus observaciones sobre los preliminares de los estudios constitucionales que nos hemos propuesto publicar, que nuestras explicaciones bastarían para ponernos de acuerdo sobre las doctrinas que sustentamos.

Réstanos, sí, hacer una última aclaración a su remitido que hoy publica "El Tren." La hacemos, porque no queremos que ni a usted ni a ninguno de nuestros lectores le quede sombra dé duda, siquiera, sobre la buena fe con que hicimos nuestras argumentaciones, o sobre que hayamos tratado de eludir la cuestión. Si al contestarle erramos, fue por haber dado menor alcance del que usted se propuso a sus observaciones, por haberlas supuesto nosotros demasiado concretas; y esto por haber creído que llamaba su atención nuestra doctrina consignada en el párrafo cuarto, que no sabemos haya sido francamente proclamada en Honduras, más que la contenida en los demás de nuestro artículo, que no consideramos una novedad. Nuestro error no indica que prescindamos de nuestra teoría; pero sí nos obliga a llenar la omisión.

En el párrafo de nuestro primer artículo que usted inserta, hablando de una manera general, dijimos que la resistencia era el único medio de defensa contra las violaciones del pacto constitutivo; tesis general que nos propusimos desarrollar.

Por lo mismo, en seguida entramos a distinguir dos clases de violaciones que pueden cometerse. Una sin apariencia alguna de derecho, un verdadero abuso de la fuerza bruta, contra el cual no queda otro remedio que la resistencia armada. La otra clase es cuando "las extralimitaciones del Poder tienen la apariencia del derecho, contra las cuales pueden encontrarse en la Constitución misma los medios de defensa, o sea, los de hacerla respetar y cumplir."

De propósito, al hacer el estudio que prometimos sobre la segunda clase de violaciones y sus remedios, no volvimos a emplear la palabra resistencia, por temor de que fuera tomada en el mismo sentido concreto que le dimos al considerarla como recurso necesario contra las de la primera clase; y creímos que para evitar confusión y malas interpretaciones, bastaba afirmar que en nuestra Carta Fundamental buscaríamos los remedios, e indicar después como tales, en los varios casos, procedimientos muy constitucionales, que bien pueden calificarse de resistencia legal. Por consiguiente, nos creemos con derecho de mantener nuestra teoría.

Reconocemos que bien pudimos, desde nuestro primer artículo, hacer estas aclaraciones y las que hicimos al contestar a usted; mas no nos pesa, porque sin prever el punto concreto de ataque, hubieran sido escritas a la ligera, dejando siempre lugar a dudas, sino de parte de usted, de otros que las habrían callado. Y sobre todo no nos pesa, porque lo que pudo ser un mal se convirtió en un bien; ya que eso dio origen a sus observaciones y a la discusión de tan importante materia, y a eso debemos el estar ahora más seguros de que nuestras doctrinas no serán mal interpretadas, y el saber que usted y yo estaremos de acuerdo para defenderlas y hacerlas producir benéficos frutos.

Estamos seguros de que usted y nosotros, cada cual por los medios a su alcance, trabajaremos para que la Constitución sea la primera y no la última de todas las leyes, para que todo funcionario público cumpla la promesa que conforme a ella presta, y para que todos los casos de duda sobre la inteligencia de sus principios, sobre el cumplimiento de sus preceptos, o sobre el respeto a sus prohibiciones, sean resueltos definitivamente por los Tribunales de Justicia, como es práctica en los países donde el sistema de Gobierno representativo es una verdad, con más o menos diferencias de detalle, que se desprenden de las diferencias en la respectiva Carta Fundamental en que descansan.

Nunca dudamos que usted estaría de acuerdo con nosotros acerca de la doctrina que expusimos sobre el derecho de insurrección, al contestarle. Y usted con razón cree que nosotros, consecuentes con esa doctrina, ensalzamos como lo merece la revolución que en El Salvador derrocó una administración dictatorial y viciosa, elevando al poder al hombre a quien en las columnas de este periódico hemos tributado antes de ahora nuestra admiración, por haber sido consecuente, lo que raras veces sucede, a los fines que la revolución se propuso, y haber sabido atender a los intereses que le encomendó.

Frutos de esa revolución para El Salvador: asegurada la paz, pero no la que aniquila las naciones, sino la que las rejuvenece; el crédito del Estado establecido sobre sólidas bases; elevado el país al más alto grado de prosperidad que nunca había alcanzado; y el principio de autoridad más que nunca fuerte y respetado, sin mengua para las públicas libertades, que hoy son allí una verdad.

Somos sinceros republicanos, y abrigamos la convicción de que esa forma de gobierno es la que conviene a las naciones para su mejor desarrollo, para llegar al mayor grado de prosperidad y especialmente a las naciones de América, entre las cuales el Imperio del Brasil aparecía como un lunar; y deberíamos aplaudir incondicionalmente el movimiento revolucionario que tal lunar ha borrado.

Pero, consecuentes también con nuestra doctrina, para formar nuestro juicio definitivo, necesitamos saber si no es cierto, como muchos pretenden, que el movimiento ha sido puramente militar, y sin tomar en él participación el pueblo, único modo de estar seguros de que el cambio era exigido por la opinión pública, y dará por fruto el establecimiento de un Gobierno regular, verdaderamente republicano, y no una "dictadura militar," precursora de la vuelta de la monarquía.

Bien se comprende que no nos detiene el pensar que el monarca destronado era un modelo de gobernantes, ya que esto era un accidente, y no la obra de las instituciones, y que el pueblo, al proclamar la República, habría demostrado su previsión, poniéndose a cubierto contra el riesgo de que un tirano sucediese al sabio Emperador.

Por falta de antecedentes, también nos hemos abstenido de juzgar la revolución última de Costa Rica; pues no sabemos si positivamente el Gobierno derrocado trataba de burlar el resultado adverso del sufragio; en cuyo caso, aunque nuestras simpatías hubiesen estado antes al lado del Gobierno caído, y aunque Costa Rica y Centro-América toda hubiesen perdido en el cambio, diríamos "el pueblo usó de su derecho porque no le quedaba otro remedio." Pero si fue aquel sólo un pretexto, si la verdadera causa del movimiento estaba en las marcadas tendencias unionistas del partido que se hallaba en el poder, entonces lamentaríamos nosotros, y todo sincero amigo de la causa centroamericana debería lamentar, aquella insurrección. Sólo el desarrollo de los acontecimientos podrá desvanecer nuestras dudas.

En cambio, y creemos que Ud. participa de nuestra opinión, no nos cansaremos de bendecir la revolución que el 71 derrocó en Guatemala la Oligarquía y la Teocracia unidas, que habían destruido la nacionalidad centroamericana, y mantenido al pueblo en la ignorancia, y estancado la riqueza de su suelo, y a toda la América del Centro, por su perniciosa influencia, fuera del concierto de civilización y de progreso en que habían entrado las demás naciones. Y la bendeciremos por los frutos que de ella hemos recogido, como bendecimos la revolución francesa, que iluminó el mundo, aunque lamentamos los extravíos y hasta crímenes que ha ocasionado; porque así como en Francia el ideal se salvó en el naufragio, y, purificado, ha llegado a convertirse en realidad en nuestros días, así hemos de ver implantados, en toda su fuerza, los principios que la revolución del 71 proclamó, y, a su influjo, reconstruida la patria que, como depósito sagrado, entregarán a sus hijos los que supieron desprenderla de la Corona de España.

(De "El Tren", n.° 38 del 30 de enero de 1890.)

INAUGURACIÓN DE "LA PRENSA POPULAR"

El día diez de agosto próximo pasado, a la una p.m., se verificó en el Salón de Sesiones de la Corporación Municipal de esta ciudad, la inauguración de la primera imprenta establecida en esta capital por dicha Sociedad.

Presidió la reunión el señor Presidente de la República, General don Luis Bográn, por haberle cedido ese puesto de honor el Presidente de la Sociedad, Licenciado don Policarpo Bonilla. Asistieron todos los miembros propietarios y suplentes que forman la Junta Directiva, la mayor parte de los socios residentes en esta ciudad, y una numerosa concurrencia, la más numerosa, quizá, que se haya visto antes de ahora en fiestas de esta clase; siendo de notarse la circunstancia, muy significativa, de que esa concurrencia la formaba en su mayor parte la clase de artesanos y jornaleros, probando así que bien comprenden la importancia que para el país puede tener ese nuevo elemento de progreso que se ha introducido, si se sabe aprovechar.

Habiendo declarado el señor Presidente de la República abierta la sesión, el señor Bonilla subió a la tribuna y pronunció el discurso inaugural. Ocuparonla en seguida los socios don José Antonio López, Licenciado don Rafael Padilla y don Rómulo E. Durón, éste a nombre de la Sociedad literaria el "Ateneo Hondureño," pronunciando discursos alusivos al acto; y recitaron composiciones poéticas, referentes al mismo, el socio don J. Santos del Valle y el joven don José María Gutiérrez.

El señor Presidente de la República, General Bográn, accediendo a los deseos manifestados por el señor Bonilla en la parte final de su discurso, hizo declaraciones que no sólo honran al gobernante y al ciudadano, sino que constituyen garantía de que la libertad de la prensa en Honduras será, no únicamente un derecho, sino una verdad real dentro de poco tiempo. Esas declaraciones, según recordamos, fueron sustancialmente así:

Primera.- Que al prometer cumplir y hacer cumplir la Constitución, sin necesidad de promesa especial, quedó obligado a respetar la libertad de la prensa, que es una de las más importantes garantías consagradas en nuestra Carta Fundamental.

Segunda.- Que él respeta esa garantía y aun ha estimulado a los escritores para que de ella hiciesen uso; de manera que si no se ha hecho todo lo que se debía, no es culpa de su Gobierno, sino de los ciudadanos, o de la falta de medios materiales, de la cual era una prueba el acto mismo que se estaba celebrando; y

Tercera.- Que aunque en la Constitución no estuviese escrita la garantía de la libertad de la prensa, él la otorgaría al pueblo hondureño, porque está convencido de que sólo así es posible conocer la verdadera opinión pública y gobernar con arreglo a ella.

Al levantarse la sesión, el señor Presidente de la República obsequió al señor Bonilla con una pluma de oro que tiene grabado el monograma L. B.; y al hacer presente la verdad, el señor Bonilla contestó que aceptaba y agradecía el obsequio, y a la vez el consejo, pues creía poder ligarlos ambos muy bien: que él creía haber escrito, las pocas veces que le ha tocado hacerlo, la verdad, o lo que ha creído tal; pero que reconocía lo fácil que era, aun de muy buena fe, separarse de ella, tal vez sólo por falta de la necesaria meditación; peligro que quedaría más alejado en adelante, pues al hacer uso de la pluma, que en tan solemne ocasión le había sido obsequiada, habría de verse más obligado a reflexionar bien al escribir.

En seguida pasaron los concurrentes al local donde estaba establecida la imprenta, y se hicieron funcionar las máquinas, quedando todos satisfechos del resultado, así como del surtido de tipos, útiles y materiales. Todo fue despachado por la acreditada fábrica "The Liberty Machine Works", de New York.

Esta fiesta de paz y progreso fue amenizada en los intermedios, por escogidas piezas que ejecutó la orquesta dirigida por el maestro Froilán Ramos.

DISCURSO PRONUNCIADO EN LA INAUGURACIÓN DE "LA PRENSA POPULAR."

SEÑORES:

Cerca de dos años hace que concebí el proyecto de organizar una sociedad anónima con el fin de establecer en el país una o más imprentas absolutamente independientes. Comencé por comunicar mi pensamiento a varios de mis amigos; y contando con su cooperación, resolví aprovechar la primera ocasión que se me presentó el 30 de noviembre de 1888, para lanzarlo al público. Fue favorablemente acogido, y la sociedad se organizó el 27 de octubre de 1889, habiendo quedado legalmente instalada el 28 de marzo del corriente año. Es el momento en que debo demostrar mi agradecimiento a todos los miembros de la sociedad, por haber contribuido desde antes de tener ésta existencia legal, los fondos con que, en general, todos aquellos a quienes he pedido su colaboración, aunque fueran insuficientes, aportaron; y tampoco sólo a vínculos miembros de la sociedad. Si algo se me debe a mí, es sólo el haber escogido bien la oportunidad para proponer la satisfacción de una urgente necesidad para la vida de las instituciones del país, que estaba en la conciencia de todos, anticipándome a muchos otros que de seguro hubieran hecho lo mismo, o tal vez mejor que yo. Tal era, a ese respecto, mi convicción, que en mi prospecto no propuse la sociedad como un negocio, que puede ser muy malo, sino naciendo un llamamiento al patriotismo de los hondureños; y el hecho consumado nos prueba que no en vano se puede contar con él.

"La Prensa Popular," ofrece hoy al servicio público el primer establecimiento tipográfico que ha logrado fundar, el cual vais a ver funcionando hoy por primera vez; y no suspenderá su labor, si continúa disfrutando del apoyo de la opinión pública, hasta lograr fundar siquiera en cada cabecera departamental, uno semejante, aunque de menor costo. En previsión de eso, se reservó la facultad de elevar su capital hasta $20,000; pues, llegando a llenar esa suma, se podrá tener como realizado su propósito.

La sociedad no editará ningún periódico, ni otra publicación alguna de carácter político, porque no entra en sus fines tomar participación como asociación en las luchas de los partidos; ni podría hacerlo, porque tiene en su seno elementos de todos ellos, que la obligan a la neutralidad. Pero ofrece hacer imprimir todo escrito, si su autor llena las prescripciones de la ley, sean cuales fueren las doctrinas políticas, sociales o religiosas que mantenga, ya se ataque o se defienda al gobernante o empleados inferiores, y sea quien fuere la persona a quien perjudique, aunque llegue el caso de ser atacada la sociedad misma, o personalmente cualquiera de sus miembros.

Poca es la significación aparente, pero muy grande la positiva importancia del hecho realizado por "La Prensa Popular," que en este momento celebramos. Inauguramos la primera imprenta independiente, capaz para toda clase de trabajos, que en el país se establece; y no creo hacerme ilusión si afirmo que con este hecho sentamos la base de la verdadera libertad de la prensa en Honduras.

Esta preciosa garantía la tenemos consignada, es verdad, en nuestra Carta Fundamental; y aunque imperfectamente, está también reglamentado su uso por la ley. Pero, ¿cómo ha podido ejercitarse ese derecho? Únicamente solicitando la publicación de los escritos en los establecimientos tipográficos nacionales, que están bajo la inmediata dirección de la autoridad; y sin atacar el derecho, sin dar motivo legal de queja, ha sido fácil eludir su impresión, sólo con alegar o pretextar exceso de trabajo y falta de tiempo para hacerlo. Hemos tenido publicaciones periódicas que se han dicho independientes, y algunas que lo han sido más o menos; pero si investigamos su origen, la fuente de su vida, encontramos que han sido impresas gratuitamente y muchas veces, además, subvencionadas por el Gobierno. Honra y mucha ha cabido a éste cuando en tales periódicos, escritores que han prescindido de su falsa posición, han combatido sus actos con energía, han expresado sus ideas con verdadera independencia. Ha sido, pues, la libertad de la prensa en Honduras, aunque un sagrado derecho ante la ley, una positiva gracia del gobernante en el hecho, las pocas veces que se ha puesto en práctica.

Una situación semejante no puede convenir ni al pueblo ni al Gobierno; y felizmente comenzamos a salir de ella: tenemos los cimientos; falta construir sobre ellos; y contando con el patriotismo de gobernantes y gobernados, no es dudoso que en pocos años veremos coronado el edificio.

Para ello bastará que los ciudadanos nos ocupemos más en los intereses sociales, aunque no hayamos de sacar directo provecho personal, y expresemos con franqueza nuestro juicio sobre los actos de los empleados públicos, aplaudiéndolos o reprobándolos según lo merezcan; y procurando poner remedio a sus abusos y a los males de que podamos quejarnos, aunque por el momento no seamos directamente perjudicados.

Bastará que tratemos de formar la opinión pública e imponerla a quienes mandan, porque así se mantendrá el imperio de la ley, y carecerá de poder para violarla. Bastará todo esto para obligar a los gobernantes a convencerse de que en la libertad de la prensa tienen el mejor apoyo, si han de arreglar sus actos a las prescripciones de la moral y del derecho, si quieren cimentar su poder en el amor, más que en el temor de los pueblos.

Nuestra asociación, que tiende a facilitar la realización de tan importante cambio social, que está ramificada en casi todas las principales poblaciones del país, en todas las clases de la sociedad, y que se ensanchará día a día, es un nuevo elemento que constituye importante garantía de la paz pública, porque sólo mientras ésta se disfrute, puede conservar su existencia. Su vida estará ligada a la de la libertad de la prensa; y si ésta llega a establecerse sólidamente, la guerra civil será imposible, porque lo será también el empleo de medios violentos por parte de los gobernantes, y eso los hará injustificables por parte de los pueblos.

Por otra parte, no deben olvidar los gobernantes, que si la libertad de la prensa llega a encarnarse en las instituciones de un pueblo, y a convertirse en una verdad, habéis hecho aquí aun más de lo que hizo Fernando Guzmán en Nicaragua; y para que vuestro nombre sea más tarde bendecido por cuantos quieran preciarse de patriotas y realmente lo sean, os bastará dejar hacer, no intervenir nunca con vuestro poder contra los escritores, y dejar su libre acción a los

Tribunales de Justicia, cuando Vos o vuestros empleados seáis insultados o calumniados.

Si queréis que desde hoy vuestro nombre quede unido al acto de la inauguración de la primera imprenta independiente, empeñad formal promesa de respetar la libertad de la prensa, y cumplidla después.

Agosto 10 de 1890.

DISCURSO PRONUNCIADO EN LA INAUGURACIÓN DE "LA PRENSA POPULAR"

SEÑORES:

Cerca de dos años hace que concebí el proyecto de organizar una sociedad anónima con el fin de establecer en el país una o más imprentas absolutamente independientes. Comencé por comunicar mi pensamiento a varios de mis amigos; y contando con su cooperación, resolví aprovechar la primera ocasión que se me presentó el 30 de noviembre de 1888, para lanzarlo al público. Fue favorablemente acogido, y la sociedad se organizó el 27 de octubre de 1889, habiendo quedado legalmente instalada el 28 de marzo del corriente año. Es el momento en que debo demostrar mi agradecimiento a todos los miembros de la sociedad, por la confianza que me dispensaron al poner en mis manos, aun desde antes de tener ésta existencia legal, los fondos con que contribuían para la empresa; y debo hacer constar que, en general, todos aquellos a quienes he pedido su cooperación, me la han prestado de buena voluntad.

No se crea que atribuyo a méritos personales el éxito obtenido, porque bien comprendo que los míos habrían sido insuficientes; y tampoco sólo a vínculos políticos, porque no me ligan con muchos de los miembros de la sociedad. Si algo se me debe a mí, es sólo el haber escogido bien la oportunidad para proponer la satisfacción de una urgente necesidad para la vida de las instituciones del país, que estaba en la conciencia de todos, anticipándome a muchos otros que de seguro hubieran hecho lo mismo, o tal vez mejor que yo. Tal era, a ese respecto, mi convicción, que en mi prospecto no propuse la sociedad como un negocio, que puede ser muy malo, sino haciendo un llamamiento al patriotismo de los hondureños; y el hecho consumado nos prueba que no en vano se puede contar con él.

"La Prensa Popular" ofrece hoy al servicio público el primer establecimiento tipográfico que ha logrado fundar, el cual vais a ver funcionando hoy por primera vez; y no suspenderá su labor, si continúa disfrutando del apoyo de la opinión pública, hasta lograr fundar siquiera en cada cabecera departamental uno semejante, aunque de menor costo. En previsión de eso, se reservó la facultad de elevar su capital hasta $20,000; pues llegando a llenar esa suma, se podrá tener como realizado su propósito.

La sociedad no editará ningún periódico, ni otra publicación alguna de carácter político, porque no entra en sus fines tomar participio como asociación en las luchas de los partidos; ni podría hacerlo, porque tiene en su seno elementos de todos ellos, que la obligan a la neutralidad. Pero ofrece hacer imprimir todo escrito, si su autor llena las prescripciones de la ley, sean cuales fueren las doctrinas políticas, sociales o religiosas que mantenga, ya se ataque o se defienda al gobernante o empleados inferiores, y sea quien fuere la persona a quien perjudique, aunque llegue el caso de ser atacada la sociedad misma, o personalmente cualquiera de sus miembros.

Poca es la significación aparente, pero muy grande la positiva importancia del hecho realizado por "La Prensa Popular", que en este momento celebramos. Inauguramos la primera imprenta independiente, capaz para toda clase de trabajos, que en el país se establece; y no creo hacerme ilusión si afirmo que con este hecho sentamos la base de la verdadera libertad de la prensa en Honduras.

Esta preciosa garantía la tenemos consignada, es verdad, en nuestra Carta Fundamental; y aunque imperfectamente, está también reglamentado su uso por la ley. Pero ¿cómo ha podido ejercitarse ese derecho? Únicamente solicitando la publicación de los escritos en los establecimientos tipográficos nacionales, que están bajo la inmediata dirección de la autoridad; y sin atacar el derecho, sin dar motivo legal de queja, ha sido fácil eludir su impresión, sólo con alegar o pretextar exceso de trabajo y falta de tiempo para hacerlo. Hemos tenido publicaciones periódicas que se han dicho independientes, y algunas que lo han sido más o menos; pero si investigamos su origen, la fuente de su vida, encontramos que han sido impresas gratuitamente y muchas veces, además, subvencionadas por el Gobierno. Honra, y mucha, ha cabido a éste cuando en tales periódicos escritores que han prescindido de su falsa posición han combatido sus actos con energía, han expresado sus ideas con verdadera independencia. Ha sido, pues, la libertad de la prensa en Honduras, aunque un sagrado derecho ante la ley, una positiva gracia del gobernante en el hecho, las pocas veces que se ha puesto en práctica.

Una situación semejante no puede convenir ni al pueblo ni al Gobierno; y felizmente comenzamos a salir de ella: tenemos los cimientos; falta construir sobre ellos; y contando con el patriotismo de gobernantes y gobernados, no es dudoso que en pocos años veamos coronado el edificio.

Para ello bastará que los ciudadanos nos ocupemos más en los intereses sociales, aunque no hayamos de sacar directo provecho personal, y expresemos con franqueza nuestro juicio sobre los actos de los empleados públicos, aplaudiéndolos o reprobándolos según lo merezcan; y procurando poner dique a sus abusos y remedio a los males de que podamos quejarnos, aunque por el momento no seamos directamente perjudicados. Bastará que tratemos de formar la opinión pública e imponerla a quienes mandan, porque así se mantendrá el imperio de la ley, y carecerá de poder para violarla. Bastará todo esto para obligar a los gobernantes a convencerse de que en la libertad de la prensa tienen el mejor apoyo, si han de arreglar sus actos a las prescripciones de la moral y del derecho, si quieren cimentar su poder en el amor, más que en el temor de los pueblos.

Nuestra asociación, que tiende a facilitar la realización de tan importante cambio social, que está ramificada en casi todas las principales poblaciones del país, en todas las clases de la sociedad, y que se ensanchará de día en día, es un nuevo elemento que constituye importante garantía de la paz pública, porque sólo mientras ésta se disfrute puede conservar su existencia. Su vida estará ligada a la de la libertad de la prensa; y si ésta llega a establecerse sólidamente, la guerra civil será imposible, porque lo será también el empleo de medios violentos por parte de los gobernantes, y eso los hará injustificables por parte de los pueblos.

Por otra parte no deben olvidar los gobernantes que si la libertad de la prensa llega a encarnarse en las instituciones de un pueblo, y a convertirse en una necesidad vital, que es cuando puede producir su benéfica influencia; si bien se hacen imposibles las facciones, los pronunciamientos militares y asaltos de cuartel, se abre la puerta a la verdadera revolución, que estalla en el momento en que el pueblo ve hollados sus derechos.

Mas esta consideración no debiera preocupar ni aun al gobernante más aficionado al despotismo, porque esa transformación social se opera lentamente, necesitando quizá el cambio de toda una generación, y no será a aquel que inicie el movimiento a quien afecten los resultados.

Toca, pues, a la juventud que se levanta concluir la obra que nosotros tal vez apenas dejaremos iniciada. Desearía que los jóvenes y aun los niños que me escuchan grabasen en su memoria la fecha de hoy, y se prometiesen a sí mismos empeñar sus esfuerzos en realizar las esperanzas que nos hace concebir el acontecimiento que estamos celebrando.

Cierto es, señores, que en las actuales circunstancias parece tal vez un anacronismo el hablar de la paz y del desarrollo pacífico de las instituciones del país; pero tengamos fe en los destinos de nuestra patria: creamos que los desgraciados sucesos que han traído esta situación no habrán hecho otra cosa que suspender la marcha progresiva; nunca hacerla imposible.

Con esa confianza no vacilo en provocar una declaración de parte del Jefe de la República, que tranquilice a los más tímidos.

Señor General Bográn:

Más de una vez os he oído expresar el deseo de llevaros la gloria, al descender del poder, de haber sido el fundador de la libertad de la prensa en Honduras. Ahora se os presentará la ocasión; aprovechadla. Muy poco necesitáis para que de Vos pueda decirse que habéis hecho aquí aun más de lo que hizo Fernando Guzmán en Nicaragua; y para que vuestro nombre sea más tarde bendecido por cuantos quieran preciarse de patriotas y realmente lo sean, os bastará dejar hacer, no intervenir nunca con vuestro poder contra los escritores, y dejar su libre acción a los Tribunales de Justicia, cuando Vos o vuestros empleados seáis insultados o calumniados.

Si queréis que desde hoy vuestro nombre quede unido al acto de la inauguración de la primera imprenta independiente, empeñad formal promesa de respetar la libertad de la prensa, y cumplidla después.

Agosto 1° de 1890.

PROSPECTO DE "EL BIEN PÚBLICO"

Según costumbre generalmente seguida, todo el que se inicia en las tareas periodísticas, está obligado a definir sus ideas fundamentales sobre todas las materias en que ha de ocuparse; y a declarar sus propósitos y los medios con que cuenta para realizarlos.

Nosotros creemos que ningún periódico tiene razón de existir si no viene a satisfacer una necesidad social; y tanto más larga será su existencia, cuanto más duradera sea esa necesidad, gozando de mayor prestigio, cuanto más importante sea el vacío que viene a llenar. Queremos que el que nosotros hoy fundamos tenga larga vida y cuente con el favor de la opinión pública. Por eso, tomando en cuenta esa verdad, y siguiendo aquella costumbre, definiremos nuestros principios y los fines que perseguimos, y trataremos de demostrar que es justa la causa a cuyo servicio nos consagramos, y legítimos y eficaces los medios de acción que habremos de emplear para conseguir el éxito: que la senda especial que nos hemos trazado ha de conducirnos al mismo fin último a que debe encaminarse todo esfuerzo patriótico, al progreso material y moral de la sociedad, y como consecuencia al bien público.

La ley del progreso social es una ley de la naturaleza, que se cumple a pesar de todos los obstáculos. El despotismo y la ignorancia, sus más temibles adversarios, pueden temporalmente detenerlo, pero nunca hacerlo imposible. Hacer luz en las tinieblas, abrir la brecha que deje paso franco a la libertad, es empresa de patriotas. Pero no basta buena voluntad, y un hombre solo es impotente. Esta, como la mayor parte de las empresas, implica la necesidad de la asociación.

Dondequiera, en países salvajes como en los civilizados, se perciben dos fuerzas contrarias: una que empuja hacia adelante, otra que tira hacia atrás. Donde esas fuerzas se desarrollan libremente, donde puede ejercitarse la acción individual, forzosamente se forman dos agrupaciones que las representan, con límites más o menos bien marcados, que tienen tendencias opuestas. Sean cuales fueren los nombres que en los diferentes países tomen, es el hecho que la una quiere que las costumbres, la literatura, las artes, las ciencias, la religión, la política, permanezcan estacionarias, o no den un solo paso que no sea exigido por imperiosa necesidad. La otra quiere alcanzar para su patria cuanto mejor concibe y cree adaptable a su estado social, o cuanto mejor ve implantado con fruto en otros países, en igualdad de circunstancias. Una de estas agrupaciones es esencialmente conservadora: la otra esencialmente liberal. Puede haber quienes suspiren por tener sólo lo que existió en un pasado que no ha de volver, o lo que habrá de realizarse, tal vez, en un lejano porvenir: si lo primero es una aberración, lo segundo es la utopía; y ambas son incapaces de prevalecer en un país, porque lo conducirían al suicidio.

El medio más seguro de hacer predominar el propio sistema, es tener en sus manos el ejercicio del poder público; y por eso las dos agrupaciones conceden preferente atención a la lucha por conseguirlo. Esto engendra los partidos políticos, que se forman dondequiera que se disfruta de alguna libertad, o dondequiera que es posible conquistarla.

En Centro-América, como en todas las naciones hispanoamericanas, al proclamarse la independencia de la madre patria, aparecieron los dos partidos bien deslindados: el uno quería en la nueva nación algo que remedase al Gobierno de la Colonia; y desesperando de conseguirlo, concibió y realizó el plan liberticida de la anexión al imperio mexicano: el otro quería instituciones verdaderamente republicanas, y trabajó hasta conseguir la separación de México, fundando la República federal. Fueron aquellos los mejores tiempos para el desarrollo de los partidos; y de seguro habrían quedado definitivamente organizados hasta nuestros días, si sirviéndose, para luchar, de la prensa y de la tribuna, que podían emplear libremente, no hubiesen preferido, como lo hicieron, entregar a la suerte de las armas la decisión de su fortuna, hasta dar en tierra con la unión de los cinco Estados, convirtiendo a cada uno de ellos en nación.

Desde entonces, y a causa de aquel error, quedó franca la entrada a los Gobiernos personales, el peor de los despotismos, que en larga sucesión, con cortos intervalos, han venido ahogando el espíritu público y toda acción individual. Bajo gobiernos tales, los partidos han degenerado, hasta casi desaparecer; porque al déspota conviene no tener sistema alguno de Gobierno, y servirse de hombres-instrumentos, que proclamen con él las ideas y doctrinas que las circunstancias exijan: que caminen hacia donde se les mande, y obren siempre sin preocuparse del bien o del mal que a su patria causen: que estén ligados a su persona por el interés, y no al servicio de la nación. Y así ha llegado a constituirse un partido sin nombre, como no se le llame el partido oficial, cuyo Jefe es siempre el que asciende al poder, aunque la víspera lo hayan combatido encarnizadamente; cuya sola misión es adular al Gobernante, hasta llegar a corromperlo y apropiárselo para explotarlo; cuya sola aspiración se ve coronada al ser incluidos sus nombres en la lista del presupuesto; y cuya lealtad dura hasta el momento en que la tempestad amenaza derrumbar al ídolo del pedestal de arena que le han formado, en cuyo momento acuden presurosos a postrarse de rodillas ante el nuevo amo que se proponen endiosar. Y lo que sucede con el Jefe del Gobierno, se repite en cada departamento, en cada pueblo, en cada aldea, donde el jefe local, ayudado por sus cortesanos, practica el despotismo, con mayor rigor, si cabe.

En esta situación que hemos descrito se ha encontrado Honduras por largos períodos. La vida, la propiedad de sus habitantes, las han disfrutado por mera gracia del Gobernante, pues nadie ha podido impedir que les privase de ellas, cuando le plugiera, ni han faltado jueces y verdugos que hiciesen su voluntad. Libertad se ha disfrutado más o menos por verdadera liberalidad; y el ver realizado un bien ha debido causar sorpresa, porque gran energía necesita el Gobernante para resistir a las tentaciones de viles aduladores que sólo del mal sacan provecho. El país, así reducido a la triste condición de confiar sus destinos a su buena o mala suerte, que coloque en el poder a un hombre más o menos honrado, más o menos enérgico para hacer el bien, es un país al borde del abismo.

Se han presentado ocasiones que han podido aprovecharse para hacer verdad nuestra república, pero se han dejado pasar; porque los hombres que han debido dar ejemplo de patriotismo, han temido ser solos para la lucha, o han desconfiado de que la bonancible situación fuese duradera, y con mezquino egoísmo han creído erradamente que harían un sacrificio estéril de sus personas y de sus intereses.

En la actualidad, por muchas razones, creemos que es ocasión propicia para organizar los partidos políticos, como único remedio para el mal que nos aqueja.

Aunque nosotros estemos ya afiliados en uno de los partidos, querríamos ver organizarse a la vez el liberal y el conservador, porque el uno al otro se completan; porque la existencia del uno es la más segura garantía de la vida del otro; y porque la emulación que entre ambos se crearía, los obligaría a dirigir separadamente sus esfuerzos; cada uno por el camino especial que se ha trazado, a realizar el bien público, con el entusiasmo que inspiran las convicciones, la fe en una buena causa.

Reconocemos, en verdad, que por ahora, dada la situación del país, el partido verdaderamente conservador poco campo tendría para obrar, y habría de limitarse a la enseñanza de sus doctrinas; porque sobre lo poco bueno que existe y convenga mantener, no puede haber discordancia. Espíritu reformador, espíritu liberal, por cierto, se necesita para destruir lo mucho malo que nos sobra, e introducir lo mucho bueno que nos falta, no tanto en nuestro derecho público, como en la política, en la administración y en las costumbres; y a esta obra bien pueden contribuir, confundidos en abrazo fraternal, todos los hombres que se han conservado independientes, que han mantenido su dignidad, dentro o fuera del Gobierno, cualquiera que sea el color político con que antes se hayan distinguido.

Para realizarlo, preciso es tomar por base alguna de las agrupaciones que actualmente existen, con los nombres de liberales y conservadores; porque prescindir de ellas sería romper los hilos que unen el pasado y el presente, y trabajar en el vacío; y preciso es escoger entre ellas la que tenga vida propia, independiente. La elección no es dudosa.

Pocos son los conservadores que se han mantenido alejados del poder, cuando no han estado de acuerdo con la política o sistema de administración predominante en el Gobierno. La mayoría se ha convertido en planta parásita del presupuesto, y ha causado el suicidio del partido. Si nosotros no hubiésemos nacido en el seno de la agrupación liberal, resto de la que en mejores tiempos dio gloria a ese nombre; si hubiésemos antes de ahora llevado el de conservadores, pero manteniéndonos independientes y con aspiraciones a un porvenir mejor, nos inscribiríamos en las filas de aquella; porque en ella se encuentra la única base para organizar el verdadero partido político, si, haciéndole justicia, se le reconocen las pruebas de energía e independencia que, por disfrutar de relativa libertad, en los últimos años ha dado, luchando por hacer prácticas las instituciones republicanas.

Conviene, pues, al país, la organización inmediata del partido liberal, que traerá como consecuencia precisa la del conservador; desde luego, si existen elementos para formarlo; o en día no lejano, al crearse esos elementos por los esfuerzos mismos del otro partido. Este será el principal propósito de nuestra hoja, porque consideramos noble y santa causa la de introducir la moralidad política, que consolida las instituciones; y si llegamos a verlas implantadas en Honduras, aunque no sean de todo nuestro agrado, antes que exponer al país a perder lo conquistado, nos declararíamos, si necesario fuese, sus defensores, aun a riesgo de ser llamados conservadores, y ver tomado nuestro puesto por otros, que como liberales pretendiesen seguir en el camino de las reformas. A ello habríamos de resignarnos; pues tal es la ley del progreso, que lo que hoy parece muy avanzado, y quien lo defiende radical, mañana se tendrá por muy conforme a razón, y sus defensores se llamarán liberales moderados, y después parecerá una pobre conquista, llamándose conservadores a los que en ella pretendan estacionar.

Ahora creemos llegado el momento de explicar la misión especial que atribuimos al partido liberal, los medios de acción que debe emplear, la influencia que directa o indirectamente ha de ejercer en la sociedad.

Creemos que el partido liberal debe representar en Honduras la legalidad, y trabajar sin descanso por llevar la regularidad al Gobierno, por hacer conocer y apreciar por todos los habitantes del país el verdadero sentido de las instituciones republicanas, para que sean prácticas.

Creemos que debe ser el punto de apoyo de todo el que sufra una violación de su derecho, considerando como injuria propia la injuria hecha por abuso de autoridad a cualquiera de sus conciudadanos.

Creemos que debe combatir con energía toda ley, todo acto de administración que crea inconveniente para el país; pero que debe en cambio apoyar toda medida que juzgue provechosa, proponer toda reforma que crea útil, secundar todo proyecto que implique el progreso o la honra de la nación. No consideramos que ese partido es por su naturaleza partido de oposición. Creemos, por el contrario, que, por remoto que parezca, debe esforzarse por llegar a tener el poder a su servicio, como el mejor medio para realizar sus fines. Y mientras tanto, antes que permitir que se alejen indefinidamente, debe procurar que sean acogidas por el Gobierno sus ideas. Lo creemos así, porque no somos de aquellos que, por no estar en el poder o cerca de él, preferirían ver al Gobierno extraviarse más y más, y hasta impulsarlo a ello, aunque arrastre al país a su ruina, para que llegue a tal punto su desprestigio, que se haga fácil derrocarlo por la fuerza. Antes que verlo de ese modo perecer, preferimos que se convierta y viva.

Creemos que el partido liberal debe ser celoso defensor del orden y la paz, porque sólo en su seno puede desarrollarse, y ejercer influencia en la sociedad. De la anarquía, de la guerra, ningún fruto puede recoger; pues larga y dolorosa experiencia nos demuestra que si Centro-América no ha progresado cuanto debiera, y carece de instituciones, lo debe a las facciones que se han alimentado en su seno, o a la intervención de los unos Estados en los otros, para imponer un Gobernante que creen poder convertir en su instrumento, y a cambio de serlo, le prestan su apoyo para que no necesite el del pueblo que gobierna, ni tome en cuenta la opinión pública. Así se han fabricado todos los déspotas.

Queremos que el partido liberal se ramifique en todo el país: que llegue a tener en cada pueblo, en cada aldea, al menos un miembro adicto, identificado con sus propósitos, de carácter firme e independiente, capaz de protestar, cuando más no pueda hacer, contra todo abuso de los pequeños mandarines, que son los más difíciles de hacer entrar en el carril del derecho; a fin de que se convenzan de que sus atentados serán conocidos y execrados en todo el país, y aplazado sólo el castigo que merezcan.

Queremos que trabajando con empeño por difundir la instrucción, y haciendo propaganda de sus doctrinas, llegue a despertar el espíritu público, que nos complacemos en creer sólo adormecido, sacando a la masa social del indiferentismo que la domina y hace imposible realizar todo pensamiento noble, generoso y grande. No pretendemos que todos los hondureños se alisten en las filas de alguno de los partidos militantes; porque si consideramos perniciosa hipocresía el llamarse incoloros todos aquellos que directamente influyen en los destinos del país como empleados públicos, no creemos obligados, en circunstancias normales, a mezclarse en las cuestiones políticas a aquellos que viven consagrados al cuidado del hogar. Captarse la confianza y simpatías de éstos, hacerlos influir decisivamente en el éxito de sus propósitos, dándoles pruebas de verdadero patriotismo, que los obliguen a acogerlos con entusiasmo en ocasiones dadas, tal debe ser una de las constantes labores del partido.

Por nuestra parte, en este periódico, y por todos los medios a nuestro alcance, trabajaremos por que el partido liberal llegue a ser lo que deseamos. Todos los que consideren nuestra empresa digna de su esfuerzo, los que piensen y sientan como nosotros, tendrán abiertas estas columnas, para hacer la propaganda.

Hemos desarrollado nuestro plan, tal vez con demasiada extensión, en lo relativo a la política, porque damos a las cuestiones que con ella se relacionan grande importancia, por lo mismo que siempre ha sido ese un terreno vedado; pero la concedemos también a toda cuestión que se relacione con las demás ciencias sociales, o cualquiera otra que sea de interés público.

Trataremos de cuestiones religiosas, pero huiremos de disputas teológicas, que consideramos estériles; pues toda creencia es para nosotros digna de respeto cuando se profesa con sinceridad; y de lo relativo a la religión o al culto, nos ocuparemos sólo cuando puedan afectar las instituciones del país, si la religión se emplea como arma de partido, o cuando afecte la moral.

Para que nuestra hoja sea de provecho, será preciso que cuanto antes tenga crédito en el país; y sólo podremos dárselo, si en ella tiene cabida solamente la verdad. Por eso no publicaremos noticia alguna que no venga suscrita por persona que nos sea conocida y nos inspire confianza. Si alguna vez somos sorprendidos con alguna mentira, nos creeremos obligados a rectificar y a reparar, en cuanto nos sea posible, el daño que podamos haber causado. Nuestra regla será callar alguna vez, si conviene: mentir, nunca.

Conocemos lo escaso de nuestras fuerzas, y por eso pedimos desde luego su colaboración a todas las personas que, de acuerdo con nuestras ideas y propósitos, quieran auxiliarnos con sus luces; esperando, así, lograr dar al periódico el interés que nuestra pluma sola no podría mantenerle.

No abrigamos pretensión alguna literaria; porque además de faltarnos la necesaria instrucción, nuestras ordinarias ocupaciones nos impedirían pulir nuestros escritos. Pero creemos que para llenar nuestro deseo de ser útiles al país, no es necesaria la pulcritud en el lenguaje. Habrán de conformarse, pues, nuestros lectores con el estilo llano; y en compensación, procuraremos sea siempre la expresión fiel de nuestras ideas, y que éstas a su vez jamás desmientan la fe en los principios, la sinceridad en las convicciones. Cuando queramos regalarles con lectura amena, habremos de recurrir a ajenas producciones.

Por todo artículo que aparezca publicado en este periódico sin firma, seremos nosotros responsables; y por esta razón, ningún remitido tendrá cabida en sus columnas si no tiene la de su autor; pero nos reservaremos el derecho de rehusar la publicación, y con más frecuencia lo haremos, cuando quien la envíe encubra su nombre con iniciales o bajo seudónimo, anagrama, o en cualquiera otra forma.

Creemos haber dado a nuestros lectores una idea general de lo que en El Bien Público habrán de encontrar. Bastante se ha abusado, en verdad, de los prospectos, prometiendo mucho y cumpliendo poco, y con razón puede pensarse lo mismo del nuestro; pero si llegamos a convencernos de que es imposible cumplir nuestros propósitos, antes que faltar a ellos, nuestro periódico perderá su existencia.

Tegucigalpa: 31 de octubre de 1890.

ORGANZACIÓN DEL PARTIDO LIBERAL

La agrupación que ha llevado este nombre en Honduras, está en vía de organizarse como verdadero partido político. Se trata de ello ya activamente en algunos departamentos; y en esta ciudad, después de algunas reuniones de varios de sus principales miembros, se firmaron las bases de organización provisional, que se propondrán para su aceptación a los demás departamentos.

Según nuestras noticias, conforme al proyecto aceptado, formarán el partido liberal todas las personas que antes han estado ligadas bajo ese nombre; y todas las que, profesando ideas liberales, hayan dado pruebas de independencia de carácter, y acepten las bases provisionales. El 19 del presente quedó organizado un Comité Directivo del partido en este departamento. Ponemos a disposición del mismo nuestras columnas para la oportuna publicación de las bases de organización y de cualquiera otra cosa que al partido interese.

El primer fruto de esa iniciativa de organización se ha recogido en la lucha electoral que acaba de pasar. En la primera reunión del partido, que tuvo lugar el 14 del presente, se acordó proponer como candidato para Diputado por este departamento al Licenciado don Dionisio Gutiérrez, y para formar la Municipalidad de esta capital en 1891, a las personas cuyos nombres en otra parte consignamos. La Municipalidad quedó definitivamente electa por 690 votos contra 63; y, si nuestros informes no son errados, el candidato del partido liberal será declarado electo Diputado, a pesar del poco tiempo de que se dispuso para desarrollar los trabajos.

Agradable impresión recibimos al ver más de 200 electores reunidos el domingo 26 del corriente en el cabildo municipal, que acudieron, con puntualidad inglesa, a la cita que se les había dado para las 8 de la mañana, a fin de triunfar en el nombramiento del Directorio; y que, llenos de entusiasmo, pero en el mayor orden, se mantuvieron en su puesto, a pesar de lo dilatado del acto, hasta que sufragaron por los ciudadanos que merecían su confianza.

En aquel día, y los dos que le siguieron, hemos creído ver en el pueblo de la capital al pueblo hondureño transfigurado: hemos pensado, con suficiente razón, que menos trabajo del que antes habíamos imaginado y menos obstáculos que vencer tendremos, para dar cima a la empresa que hemos acometido: lograr la organización de los partidos políticos, para que las instituciones republicanas sean una verdad.

Toda duda cede ante el expresivo lenguaje de los números; y los datos que hoy publicamos, con los que después obtendremos, demostrarán que son ya valiosas las fuerzas con que la agrupación liberal cuenta en los departamentos donde tuvo tiempo de empeñar la lucha.

Octubre 31 de 1890.

LA POLÍTICA

Es ésta una de las más útiles entre las ciencias sociales; pero no es de ella en abstracto, sino de sus aplicaciones, y sobre todo, de las que pueden hacerse en Honduras, de lo que vamos a ocuparnos.

Entre nosotros se ha querido hacer de la política el patrimonio exclusivo de los hombres del Gobierno, a la manera que entre los egipcios la ciencia y los misterios de la religión eran el monopolio de los sacerdotes. En la prensa oficial y asalariada, en discursos, y por todos los medios posibles, se ha hecho propaganda de tan perniciosa doctrina; procurando infundir la creencia de que se dirige un cargo vergonzoso a aquel de quien se dice que de política se ocupa, inventando a ese propósito los calificativos de politiqueros, bochincheros de oficio y otros semejantes, que nuestros lectores, de seguro, recordarán haber visto en la mayor parte de los periódicos que antes de ahora se han editado en el país, aplicados a todos los que de los asuntos públicos han hablado o sobre ellos han escrito, o de quien se ha sospechado que hablar o escribir pudiera.

Así se explica que la mayor parte de los hondureños dicen con la mayor naturalidad, y sin comprender que abjuran de su dignidad de hombres, no digamos ya de ciudadanos: "yo no me ocupo de política, sino de lo que me interesa"; y tal dicen, quizá, cuando está suspendido el látigo sobre sus hombros, o los de sus hijos, hermanos o amigos; cuando se están forjando los grillos que han de aprisionar sus pies; cuando se está fraguando contra ellos una calumniosa acusación, que ha de privarles de su libertad y de reducirlos a la miseria; cuando el fruto del sudor de su frente, convertido en contribuciones, ha de distraerse de las arcas públicas para enriquecer a los privilegiados que de política se ocupan, los mismos que tanto empeño tienen en convertirla en monopolio suyo.

Según esa doctrina, los que rodeando al Gobernante, espían su menor gesto, su más leve movimiento, para traducirlos en órdenes y apresurarse a ejecutarlas; los que se acercan a él y arrastrándose a sus plantas, le dicen que, como hombre de Estado es un Bismarck, como militar un Napoleón, como hacendista un Colbert, como orador un Castelar, como poeta un Lamartine, como hombre de ciencia y literato, en fin, un genio, una lumbrera, y llegan a hacérselo creer; los que aparentando ser modestos ciudadanos, exentos de ambición de ningún género, explotan su lado flaco, honrado o criminal, para lograr grandes especulaciones, que empobrecen el tesoro público y acrecientan el suyo propio, o se dedican al grande o pequeño agiotaje, con mengua del crédito nacional, y privando, tal vez, del pan que debiera llevarse a la boca el infeliz empleado; los que se mezclan en intrigas y manipulaciones electorales, o ponen su pluma o su persona a discreción, para conservar o adquirir un empleo, y lograr así ver coronada la gran aspiración de todo el que no tiene aliento para vivir de su trabajo independiente; esos son los grandes políticos, los únicos privilegiados para serlo; esos, los grandes patriotas.

Por el contrario, aquellos que viviendo de su trabajo o de sus rentas estiman en poco el favor del Gobernante, y sólo quieren de él recibir justicia; que se creen suficientemente independientes para verlo sin el prisma o el lente de aumento que emplean sus aduladores, reconociendo sus cualidades, pero también sus defectos, y tratándolo como a hombre, no como a una divinidad; que se permiten censurar su conducta administrativa, cuando no la creen encaminada al bien común, ya por medio de la palabra, ya por la prensa; que trabajan por que se coloquen en los puestos públicos de elección popular, hombres independientes, capaces de contrarrestar la maléfica influencia cortesana, de detener los ímpetus de una voluntad acostumbrada a no tener contradicción, de mantenerle dentro del derecho; que se ocupan no sólo de su provecho propio, sino también del interés general, por creer que allí encontrarán su propio bien; esos son los politiqueros, los bochincheros, los hombres perniciosos a la sociedad; esos, los traidores a su patria.

Aunque los proclamadores de la doctrina no se atrevan a confesar que a esa extremidad llevan sus consecuencias, no pueden ser otras las del monopolio de la política; y en verdad, el hecho, por desgracia, confirma nuestras apreciaciones. De los hombres a que nos hemos referido, son los primeros y no los segundos; son los de arriba y no los de abajo; son los participantes del poder y no los independientes, los que han logrado imponerse sobre las masas y hacerlas sus cómplices, ya empleando la violencia, ya el halago, ya la astucia, para que los sostengan en su ventajosa posición. Ahora, felizmente, parece que el pueblo hondureño abre ya los ojos y comienza a distinguir quiénes le engañan y quiénes le sirven, y a percibir sus verdaderos intereses.

Por eso creemos oportuna la ocasión para ayudarle a avanzar en esa senda, y arrancarle la falsa idea de la política que se le ha inculcado, y de la cual no se han librado hasta hombres de ilustración y recto criterio, honrados y patriotas, que, coadyuvando en nuestra empresa, la harían de pronta y fácil realización.

La política es útil, tanto para los Gobernantes como para los ciudadanos. Debe ser considerada bajo dos aspectos: en el exterior y en el interior.

La política hondureña en el exterior debe ser: cultivar amistosas relaciones con los demás países, especialmente las que al comercio se refieren, y estrechar los vínculos de fraternidad con los otros Estados de Centro-América, abriendo el camino para que lleguen a ser una sola nación; pero esos vínculos deben crearse sobre pie de igualdad, sin consentir el predominio ni imposición alguna de parte de cualquiera de esos Estados, ni contraer alianzas con los unos en perjuicio de los otros, porque eso engendra odios y rencores que alejan la realización de aquel ideal, y a la larga pueden atraer la guerra sobre nuestro territorio. Honduras, por su posición central, puede mantener más difícilmente el equilibrio, pero consiguiéndolo, puede pesar mucho en la balanza para mantener la paz en toda la América del Centro. Para conseguirlo, necesita lealtad en sus relaciones, y fuerza para hacerse respetar; preparándose para la guerra, a fin de sostener la paz. Para hacerse fuerte, necesita crear un ejército, instruirlo, disciplinarlo, y tener listo el armamento y equipo necesarios para cuando llegue el momento de llamarlo al servicio: necesita estimular el proverbial valor del soldado hondureño, dejando vivir en él al ciudadano; enseñándole como ideal que defender, la libertad individual de que disfrute, instituciones que le sean queridas y el honor nacional no mancillado; y mostrándole como altar en que ha de sacrificar su vida, el de la patria, y no el levantado a un hombre endiosado, ya que en una República no se puede ordenar, como un autócrata a sus esclavos, ir a la muerte sin preguntar por qué.

La política interior debe ser fiel cumplimiento de la Constitución y de las leyes: el respeto a la vida, la libertad y la propiedad de los habitantes; la honrada administración de los caudales públicos, y el ahorro que hace un buen padre de familia, preparándose para cuando puedan llegar los malos tiempos; el impulso a todo progreso, con la debida prudencia, de manera que, por demasiada precipitación, no haya de secarse la fuente de la vida del país; la elección de un sistema determinado de administración como un credo bien definido, que permita a los ciudadanos saber lo que deben esperar del Gobernante en una situación dada; la elección de los hombres que han de secundar sus proyectos, entre aquellos que, no sólo por sus antecedentes políticos sino también por su honradez en la vida privada, ofrezcan garantía de integridad y rectitud en sus procedimientos; la educación del pueblo, aprovechando toda ocasión para hacerle comprender sus derechos como ciudadano y sus deberes para con la patria; la difusión de la enseñanza siquiera la más elemental, para poner al pueblo en posición de leer y apreciar por sí mismo las discusiones que en la prensa se suscitan entre aquellos que, ya en el poder, ya lejos de él, pretenden trabajar sólo por su bien.

Tal política es la que nosotros consideramos sana, ya la practique el Gobierno, ya la pida la oposición; y creemos que nadie puede disputar el derecho y el deber que tiene todo hondureño de averiguar si esa es la que sigue, o el de proponer otra que juzgue mejor, pues pretendemos nosotros que nada hay más allá de lo que pensamos. Mas, en todo caso, pedimos franqueza, y que no se trate de extraviar la opinión pública, haciendo creer que se sigue determinado sistema, precisamente en el momento en que se está practicando lo contrario.

Consideramos la política como la ciencia de aplicación de todas las ciencias sociales; y por eso, con razón, se la ha definido "La ciencia del Gobierno", que enseña a los que ejercen el poder público la manera de gobernar bien a los pueblos, y a éstos la manera de ser gobernados.

Creemos, pues, que ocuparse de política es ocuparse del bien público, sin que quien lo haga deje de ser patriota, porque a la vez persigue su propia honra y gloria y hasta un provecho personal bien entendido. Los perjuicios que a nombre de la política se causan a la sociedad, ya por los que estando en el poder la ponen al servicio de mezquinos intereses, ya por los que invocándola tratan de escalarlo con torpe ambición, no deben ser tomados en cuenta para condenarla, porque en tales casos se abusa de ella, como se abusa también de las cosas más santas. Al buen criterio del pueblo toca discernir quiénes lo engañan y quiénes quieren su bien; y para distinguir sus amigos de sus enemigos, debe atender, más que a sus palabras, a sus hechos, y a la vez que a su conducta pública, a su conducta privada.

Noviembre 7 de 1890.

LOS EMPLEADOS PÚBLICOS

En un país republicano, el verdadero concepto del empleado público debe ser el de mandatario del pueblo; y como tal, desde el Presidente de la República hasta el Alcalde Auxiliar, es a la Nación a quien deben cuenta de sus actos, conforme a las leyes que ella se ha dado.

La Constitución hondureña consagra ese principio de una manera tan clara, en su artículo 3°, que no concebimos cómo, en vista de él, pueda haber quien pretenda que un funcionario público, en caso alguno, deba estar ciegamente subordinado a la voluntad de su inmediato superior, y así, de escala en escala, o directamente, a la del Jefe Supremo de la Nación. Pero por inconcebible que sea, hay quienes tal doctrina sostengan.

Sólo así se explica cómo se ha tachado con frecuencia al empleado que se permite tener ideas propias en administración o en política, de inconsecuente para con el Gobierno, de cuyo pan se alimenta, o, dicho con más grosería, para con aquel que le da de comer; olvidándose de que quien les paga es la Nación, no como una regalía, sino como remuneración de su trabajo; y de que la Nación no es el Presidente de la República, ni aun el Gobierno todo, sino el pueblo hondureño, del cual son servidores.

Así se explica, también, que la mayor parte de los funcionarios crean que su deber es siempre cumplir lo que se les manda, por absurdas e ilegales que sean las órdenes; convirtiéndose en verdaderos esclavos, en meros instrumentos, y convirtiendo a la República en la más pura autocracia.

Si aun tratándose del servicio militar no aceptamos, en absoluto, esa doctrina, y creemos deben hacerse muchas distinciones, que reservamos para cuando de esa materia nos ocupemos especialmente, jamás podremos convenir en que un empleado público deje de ser hombre libre. Las leyes fijan las atribuciones del superior y fijan las del inferior, para que ni el uno pueda excederse al mandar, ni el otro esté obligado a ejecutar lo que la ley no le permite o le prohíbe hacer.

Sostener lo contrario, es echar por tierra el edificio de la República, que descansa sólo en la limitación de los poderes de los funcionarios públicos.

En otra ocasión, cuando accidentalmente fuimos redactores de "El Tren", tocamos de paso esta materia; de ella volveremos a ocuparnos, siempre que se nos presente ocasión para desarrollarla, pues es mucha su importancia práctica. La idea de tratarla ahora a la ligera, nos la ha sugerido el siguiente artículo, publicado en el número 337 de "La República", periódico ministerial:

"UN ACUERDO DEL MINISTERIO DE INSTRUCCIÓN PÚBLICA"

El acuerdo que publicamos a continuación, pone de manifiesto la dignidad bien entendida del ciudadano a que se refiere, y demuestra que el Gobierno sabe apreciar el mérito y las buenas cualidades de los empleados, cualquiera que sea la esfera en que funcionen.

El señor Dávila, al iniciarse la elección de Diputados y de autoridades locales, que hace poco se verificó en esta capital, suponiendo que había candidatos ministeriales, y deseando favorecer con su voto a las personas recomendadas por el círculo que llaman de oposición, renunció los empleos que desempeña en la Universidad e Instituto Nacional, a fin de llenar su objeto, sin sombras de inconsecuencia.

La conducta del señor Dávila es verdaderamente plausible, revela positiva delicadeza, y es digna de secundarse por los que se encuentren en igualdad de circunstancias.

El Gobierno, en vista de proceder tan recomendable, ha declarado sin lugar su dimisión, disponiendo que continúe en sus puestos, pues además de la circunstancia anotada, que lo hace acreedor a singular consideración, milita también en su favor la de que presta sus servicios muy puntual y satisfactoriamente.

Sería de desearse, por honra social y por decoro, que hubiesen hecho lo mismo los demás empleados que, con motivo de la elección aludida, se creen colocados del lado de la oposición; aunque ésta carezca de base, no siendo cierto que el Gobierno haya recomendado alguna candidatura.

Secretaría de Estado en el Despacho de Instrucción Pública. — Tegucigalpa, octubre 30 de 1890. — Traída a la vista la solicitud en que el Licenciado don Fausto Dávila renuncia el empleo de Secretario del Consejo Supremo de Instrucción Pública, y el de profesor de las asignaturas que desempeña en la Universidad y en el Instituto Nacional, Sección primera; y considerando: por una parte, que los motivos de delicadeza en que funda su dimisión, recomiendan su consecuencia y dignidad; y por otra, que siempre ha desempeñado los empleos en referencia a satisfacción del Gobierno y en armonía con los intereses de la enseñanza; el Presidente — Acuerda: — No aceptarle la renuncia, y que continúe en los puestos que ocupa. — Comuníquese y regístrese. — Rubricado por el señor Presidente. — Alvarado.

Estamos en completo desacuerdo con las apreciaciones de nuestro estimable colega, porque según lo dejamos consignado, tenemos una idea más elevada del empleado público, y porque encontramos varias contradicciones, que quizá sean sólo aparentes, pero que necesitan una explicación que no está a nuestro alcance y sin duda el colega nos dará.

Si el Gobierno no tuvo en las pasadas elecciones candidatos oficiales, tampoco los hubo de oposición, pues son ideas correlativas; y entonces, hasta el mismo Presidente de la República pudo votar, sin tacha de inconsecuencia ni de falta de delicadeza, por cualquiera de los candidatos propuestos. Pero siendo así, ¿por qué el mismo Gobierno, por medio de su órgano oficial, dice que el ejemplo dado por el empleado que renunció, para votar por el candidato de su gusto, debería ser seguido por todos los que se hallaron en igualdad de circunstancias? Si lo hubieran hecho, se les habría aplicado a todos el mismo criterio, de que con la renuncia habían lavado la mancha de deslealtad e inconsecuencia, y todo habría quedado reducido a vana fórmula.

El funcionario que se cita como modelo, al renunciar, cedió, a nuestro juicio, a un exceso de delicadeza a que no estaba obligado, a menos que haya tenido conocimiento de que el jefe del establecimiento o algún miembro del Gobierno, le hayan censurado por la manifestación de su propósito de votar como lo hizo.

Por otra parte, nosotros creemos que el empleado público, por serlo, no pierde sus derechos de ciudadano, a menos que una ley, tomando en cuenta la influencia de la doctrina que combatimos, los declarase privados de su libertad e incapaces por lo mismo de ser electores; y mientras legalmente sean ciudadanos, nadie puede disputarles el derecho de dar su voto por la persona que crean ha de servir mejor al país.

Lo que sí puede disputarse al Gobierno, es el derecho de proclamar candidatos oficiales, y de ordenar el apoyo de las autoridades para su triunfo; porque si tiene sus simpatías o especial interés en favor de alguno, lo más que puede hacer es recomendar a sus amigos políticos, como tales y no como subalternos, que trabajen con sus propios prestigios y no como empleados, por obtener el triunfo.

Tal es el rigor del derecho, mas no pedimos tanto, porque comprendemos que en tales casos es difícil renunciar a hacer uso de toda la influencia y prestigio que da la autoridad; pero si hay algún empleado que se niegue a obedecer, resígnese el Gobierno, ya que ordenó sin derecho.

Esto debe ser así, sobre todo tratándose de empleados cuyas funciones en nada se relacionan con la política, por ejemplo, los de instrucción pública, que si son aptos para la enseñanza y sirven bien, no pueden desecharse sólo porque votaron por candidatos que no agradan al Gobierno.

7 de noviembre de 1890.

LA INDEPENDENCIA POR EL TRABAJO

El gran ideal del hombre debe ser llegar a bastarse a sí mismo lo más posible, para necesitar menos del auxilio de sus semejantes.

El único medio seguro de caminar hacia la realización de ese ideal, es el trabajo independiente; y llamamos tal, el que el hombre puede proporcionarse por sus propios esfuerzos, físicos o intelectuales, sin que quien se lo proporciona sea el único que pueda aprovechar sus servicios, ni tenga derecho, por lo mismo, de jactarse de que hace un favor con un pacto de que resulta recíproca utilidad.

Toda profesión liberal, todo arte, toda industria, toda ocupación honrada, que producen los medios necesarios de subsistencia, sin tener que suplicar a nadie para conseguirla, dan al hombre el derecho de decir: "me basto a mí mismo"; le dan el derecho de mantener su frente levantada ante el rico o el poderoso, porque le permite tratar con ellos, de igual a igual, sobre el cambio de servicios, necesario para la vida social.

Quien vive del trabajo independiente es dueño de sus acciones, sin tener que dar de ellas cuenta a nadie, sino con arreglo a las leyes, a las autoridades encargadas de velar por el mantenimiento del orden. Es capaz de ser buen ciudadano, porque se guía por sus propias convicciones, o al menos por sus propios sentimientos, o por las indicaciones de personas en cuyo patriotismo tiene confianza.

Pero se dirá: ¿no es todo trabajo honrado independiente? Hay algunas excepciones, y entre ellas la principal, y de la que especialmente queremos ocuparnos, es el empleo público, que está sujeto a todas las desventajas de la competencia en la oferta de servicios, sin la compensación de la competencia en la demanda.

El que aspira a vivir del presupuesto comienza su carrera por presentarse como postulante. Si nada consigue directamente, se vale de empeños y compromete su gratitud para con todos los que le ofrecen conseguir para él un puesto público. Algunos o alguno de ellos le cumplen la promesa, y por medios lícitos o reprobados, consiguen la colocación de su cliente. Muy generoso será su protector, si desde el momento en que le avisa estar logrados sus deseos, no comienza a enrostrarle que a él debe su posición y a dejarle comprender, más o menos claramente, que si lo olvida y más tarde pretende librarse de la carga de la gratitud, está en sus manos dejarlo cesante.

Ya está instalado en su puesto como jefe o subalterno de oficina. Comienza entonces a llegarle de parte de los que su protección le ofrecieron, se la hayan o no prestado, las recomendaciones y hasta exigencias, con frecuencia en pugna con sus deberes. Pero ¿qué hacer? O las atiende o queda cesante, y en la situación de volver a comenzar un camino que ya sabe es muy espinoso. Si tiene la debilidad de sucumbir, es hombre perdido. Cada día las exigencias serán mayores; y habiendo resbalado la primera vez, seguirá haciéndolo y las atenderá todas por injustas que sean.

Pronto pensará que si falta a sus deberes para provecho ajeno, le conviene más procurar el propio. En seguida vendrá el prevaricato y la rapiña, y llegará tal vez a ser rico y hasta poderoso; pero sentirá cubrirse de carmín sus mejillas al encontrarse en presencia de un hombre honrado, aunque sea un infeliz trabajador; vivirá siempre sobresaltado, temiendo que su infamia se descubra, y creyendo encontrar en toda frase oscura que se le dirija una alusión a sus faltas. Tal es, en todos casos, la posición del que obra mal.

Si por el contrario, es un espíritu fuerte y rehúsa desde el principio toda condescendencia culpable, su cesantía es casi segura; pero con la experiencia adquirida, desistirá de toda pretensión a puestos públicos, y se resignará a vivir, aunque sea a costa de un rudo trabajo manual.

Cuando el empleo se consigue, lo que raras veces sucede, sin pretenderlo, y sin especial recomendación, porque el favorecido tenga bastantes aptitudes para llamar la atención del Gobernante, entonces sólo corre el riesgo de que éste, si es hombre corrompido, trate de convertirlo en instrumento de su voluntad y hasta de su capricho. En tal caso vuelve a quedar el empleado en la difícil posición que hemos descrito, de la cual saldrá, con o sin honor, según la fortaleza de su espíritu.

Para que un empleado público pueda conservarse independiente, es preciso, o que acepte el cargo sólo por el honor o la posición social que pueda darle, sin necesitarlo para su subsistencia, o que tenga siempre preparada su renuncia en el bolsillo para tirarla al rostro del superior que trate de corromperlo, o del que pretenda recibir en pago de su protección una infame condescendencia.

Y sólo se puede lograr encontrarse en esa ventajosa posición, habiendo aprendido un oficio, o adquirido una profesión, o logrado un negocio u otra ocupación cualquiera, de las que al principio de este artículo hemos calificado de trabajo independiente, por rudo y servil que parezca.

No creemos agotada esta materia y volveremos a tratarla en otra ocasión.

CÉLEO ARIAS

El partido liberal debe gratitud al que fue su último Jefe y candidato para la Presidencia de la República en la pasada lucha electoral, porque bajo su dirección se desarrolló notablemente en los últimos años, y adquirió la fuerza de que hoy dispone. Honrar su memoria es pagar tan justa deuda de gratitud, dando estímulo a quienes quieran imitarle, para seguir por la recta senda de que él jamás se apartó.

Por tales razones excitamos a todos los que fueron sus amigos y correligionarios, a fin de que se levante una suscripción para los objetos siguientes:

1.º Para formar su corona fúnebre con todos los escritos que en honra suya se hayan publicado o se publiquen hasta la fecha del aniversario de su muerte.

2.º Para colocar sobre su sepulcro una lápida de mármol con la siguiente inscripción:

A la memoria de su digno Jefe,
LICENCIADO DON CÉLEO ARIAS
EL PARTIDO LIBERAL.

El máximum de la suscripción será un peso, y el mínimum veinticinco centavos. La lista de los suscriptores será impresa, y un ejemplar será colocado en el sepulcro, distribuyéndose los demás entre aquéllos.

La redacción de "El Bien Público" se encarga de la realización del proyecto, recibiendo las suscripciones que recoja en este departamento, y las que le envíen las personas que quieran encargarse de recogerlas en los demás de la República o fuera de ella; y a fin de que sean conocidas, publicará los nombres de las que con tal fin se ofrezcan.

LA TRAICIÓN DEL GRAL. SÁNCHEZ

Se ha publicado ya en "La Nación" y en "El Demócrata" una relación de los sucesos ocurridos a consecuencia del mayor crimen cometido en Honduras en los últimos veinticinco años; y se ha publicado también el parte circunstanciado de la batalla librada entre las fuerzas del Gobierno legítimo y las del usurpador para recobrar aquél la capital. Mas no queremos dejar de hacer nosotros esa relación, porque como testigos presenciales de la mayor parte de los sucesos, y aun parte activa en muchos de ellos, podemos dar detalles omitidos, y hacer nuestras propias apreciaciones. Si con frecuencia habrá de aparecer el nombre propio de nuestro redactor (omitido en algunas de las otras relaciones), no se atribuya a inmodestia de su parte, sino a la necesidad de hacer notar la actitud que asumió como miembro del partido liberal, y para honra de éste, por la cual trabaja. Ni deberá extrañarse que principalmente nos ocupemos de lo que a otros miembros del partido de esta ciudad y de la vecina Villa se refiere, porque nuestro redactor de preferencia se consagró a observar su conducta. De más está también que afirmemos que nuestra relación será absolutamente verídica, y tenemos las pruebas de nuestros asertos. 12

ANTECEDENTES

El General Sánchez, natural de Nicaragua, donde inició su carrera militar, la continuó en El Salvador, donde llegó a alcanzar hasta el grado de Coronel. En el año de 1872 vino a Honduras con el ejército salvadoreño para auxiliar al Gobierno provisorio del señor Arias, y éste le confirió el grado de General de Brigada en premio de su heroico comportamiento durante el ataque a la ciudad de Comayagua hecho por el General Medina. Volvió a Honduras con ejército auxiliar del señor Leiva; y se estableció definitivamente en el país bajo la administración Soto, llegando a adquirir el grado de General de División.

El Presidente Bográn lo mantuvo en el empleo de Comandante de Armas de este departamento, durante los siete años que lleva de estar en el poder, a pesar de la queja general de los habitantes; y creemos poder asegurar que es tres veces mayor el daño que los abusos del General Sánchez causaron a la popularidad del señor Bográn, que los ataques de sus adversarios políticos. Llegó a creerse casi omnipotente, y como sucede siempre cuando no se sigue el camino recto, había de comenzar su decadencia. Varias veces dejó comprender sus aspiraciones a la Presidencia de la República, y debía ser por los medios de acción que él acostumbraba: la violencia y la ilegalidad; pero el Presidente Bográn, confiado como ha sido siempre para con los hombres que le han rodeado, parece que no dio importancia alguna a tales pretensiones. No obstante, y aunque ignoramos las causas, se hizo notorio que el poder y el favor de Sánchez decaían. Él sin duda no pudo resignarse, siendo ya viejo y falto de salud, a perder toda esperanza de realizar sus ilegítimas aspiraciones, y concibió el proyecto que tantos males ha causado a nuestro país.

LA TRAICIÓN

En la noche del 8 del presente, que será memorable por muchos conceptos en nuestra historia, como a las seis y media de la tarde, se notó un movimiento extraordinario en la población, viéndose correr en opuestas direcciones al Ministro de la Guerra, Coronel don Carlos F. Alvarado, Director de Rentas, Coronel don Roque J. Muñoz, y otras personas que, sin duda, estaban ya enteradas de lo que ocurría. En ese momento se encontraban en la tienda del Gobernador don Jesús Estrada, éste, el Ministro de Hacienda, Lic. don Simeón Martínez, el Doctor don Alberto Uclés, don Antonio y don Rafael López, don Policarpo Bonilla y algunas otras personas, que, dispersas momentos después, habían de correr muy distinta suerte.

Los señores Uclés, López y Bonilla, después de unos quince minutos de incertidumbre, conocieron la triste verdad de la sublevación de Sánchez y de haberse apoderado de los cuarteles. Sin vacilar un segundo se dirigieron a la casa presidencial, y al llegar a la puerta, encontrándose con una guardia que les prohibía la entrada, el señor Bonilla, suponiendo que eran precauciones tomadas por el Presidente contra sus enemigos, dijo a nombre de todos que iba a ofrecer sus servicios al Gobierno legítimo contra los sublevados.

Felizmente en ese momento no se encontraba presente el General Sánchez, a quien pertenecía ya la guardia. Se hallaba en el interior de la casa, según hemos sabido después, maltratando a los prisioneros que tenía, y por eso fueron rechazados, con amenaza de hacerles fuego, el señor Bonilla y sus compañeros, a pesar de su insistencia.

Al retirarse, cada uno de ellos pensó en ir a tomar armas, que no llevaban consigo; y el señor Bonilla encontró al joven Abogado don Manuel del mismo apellido, quien le manifestó que el Presidente se encontraba en su casa, y esperaba allí a sus amigos. El señor Bonilla, que tiene la satisfacción de haber cultivado buenas relaciones personales con el señor Bográn, aunque a la vez haya sido durante toda su administración su opositor o disidente en política, acudió al llamamiento para ofrecerle sus servicios, como ya lo había resuelto espontáneamente. Al llegar el Presidente le dijo: "vaya reúna sus amigos, en quienes pongo mi confianza".

Felizmente, al regresar encontró que le buscaban algunos de ellos para informarse de lo que ocurría, y los mandó a citar a los demás, encargándoles venir armados y distribuyendo a la vez en su establecimiento de comercio, frente al palacio ocupado por Sánchez, los revólveres y puñales que tenía. Volvió en seguida en unión de varios amigos a concertarse con el Presidente, quien resolvió pasar a la vecina Villa a organizar la defensa, acompañándolo el Ministro de la Guerra, el Director de Rentas, el Contador don Félix Bonilla y su hijo don Manuel Bonilla, el Licenciado don Fausto Dávila, el Comandante de gendarmes Mr. C. D. Beyer, el Director de Telégrafos Mr. Bertie Cecil, cuatro o cinco ayudantes y dos o tres personas más; siendo de observar que estas personas eran los únicos representantes del partido oficial, no habiendo ninguno del conservador, sin modificarse la situación en el resto de la campaña.

Don Policarpo Bonilla se separó del Presidente para procurar reunir más gente, y poco después de las ocho de la noche fue a reunírsele de nuevo a Comayagüela con la que pudo recoger, entre ella los empleados de su establecimiento Daniel Fortín h., Domingo Zambrano y José María Alcántara, dando cita a los que llegasen después para el cabildo de la misma Villa.

Por otra parte, el General don José María Reina se dirigió al cabildo de esta ciudad y tocó la campana para llamar a los ciudadanos, acudiendo varios, con quienes pasó a engrosar las filas que habían de defender la legitimidad. Sucesivamente llegaron los Coroneles Dávila, López (don Rafael) y Gutiérrez con muchos amigos, y fueron presentándose otros ciudadanos hasta reunirse próximamente trescientos hombres, completados con los muchos vecinos de la Villa que reunieron los señores Coronel don Erasmo Velásquez, Alcalde don Saturnino Medal, Regidor don Cipriano Velásquez y otros patriotas; y con varios americanos, entre ellos el Capitán F. M. Imboden y el Mayor Burke.

La primera disposición que se dictó fue colocar una avanzada al mando del Coronel don Félix Molina en el medio del puente, y después otras en la entrada del mismo, al mando del General Reina, aclamado jefe por los patriotas, y en las orillas del Río Grande y del Guacerique.

Cerca de las once de la noche el enemigo hizo una tentativa sobre la Villa, apareciendo en el puente el General Sánchez a la cabeza de una escolta; pero fue recibido con varias descargas, que contestó, retrocediendo precipitadamente. Defendieron la trinchera del puente, que fue la amenazada, el Coronel Molina con su guerrilla de policías, que se había replegado, y los patriotas al mando del General Reina. Cerca de las 3 de la mañana el enemigo tomó posiciones en el palacio nuevo, casa de don Jerónimo Zelaya, en otras de la orilla derecha del río y en el cerro de La Moncada; y a dicha hora hizo fuego sobre nuestras avanzadas.

En el intermedio, el Licenciado Bonilla, de acuerdo con el Ministro Alvarado, habían estado pidiendo al Presidente se retirase a Támara, aldea a seis leguas de distancia, para ponerse a cubierto de una sorpresa, o de un rudo ataque del enemigo, que disponía de buenas armas y artillería, mientras que entre los patriotas apenas se contaban como diez rifles Winchester y de 80 a 90 revólveres de diferentes tamaños; haciéndole presente que lo que más importaba al país era su libertad, para poder mantener la bandera de la legitimidad, ya que había cometido Sánchez el error de no comenzar por privarlo de ella.

LA RETIRADA

El Presidente accedió a ordenar la retirada, convencido de que la resistencia contra las fuerzas enemigas sólo causaría sacrificios inútiles, y logrado el principal objeto que se propuso al acampar en la Villa, de telegrafiar a todos los departamentos de la República pidiendo auxilios, para lo cual aprovechó otro error de Sánchez de no apoderarse de la Oficina Central del Telégrafo, donde el telegrafista Bulnes y compañeros, con gran intrepidez y exponiendo su vida, permanecieron hasta última hora, y la actividad y pericia del Director Mr. Cecil, quien estableció otra oficina en la Villa, que en todo caso permitiría comunicar con los departamentos del Sur y Occidente.

Esa orden llegó a comunicarla el Licenciado Bonilla a la avanzada del puente, en los momentos en que el enemigo tomaba sus posiciones y dirigía algunos tiros sobre la trinchera. Retirada esta avanzada, fue a comunicar igual orden a la que mandaba el Coronel Velásquez cerca de la poza de Martínez, colocándose a retaguardia de la misma para evitar la dispersión.

La retirada se hizo en el mayor orden, con cerca de doscientos hombres, por haberse quedado algunos patriotas buscando bestias en esta ciudad y otros en la Villa. De los doscientos hombres que salieron llegaron en las primeras horas de la mañana a Támara unos 80 a 100, habiéndose quedado los demás por ser calzados y no acostumbrados a caminar a pie, en varias aldeas del camino, sirviendo de núcleo para recoger los demás patriotas que de esta ciudad y de la Villa siguieron saliendo en busca del Presidente de la República, la mayor parte de los cuales llegaron en el mismo día y los subsiguientes a Támara, recordando entre ellos al Oficial Mayor del Ministerio de Fomento don Julio César Durón.

Los patriotas que quedaron en la Villa estuvieron haciendo disparos de revólver sobre las posiciones del enemigo, todo el domingo y parte del lunes; y sin duda creyó que toda nuestra fuerza estaba allí preparándole alguna emboscada, porque no se atrevía a ocupar la Villa. Cuando lo hizo, los patriotas se retiraron buscando el ejército del Gobierno, al cual se unieron al fin.

Se estableció el cuartel general en Támara, en casa de la entusiasta legitimista Isabel Garay. Ante todo se procuró la organización del cuerpo de patriotas, nombrando el Presidente Mayor General al

Brigadier Reina y éste su segundo al Coronel López. Durante todo el día domingo y el lunes, se continuó la organización de nuestras fuerzas, a las que se habían incorporado las que llegaron de La Paz, al mando del Coronel Mejía, y de Comayagua, al del Comandante Castelar. Por el cansancio de estas tropas, se quedó la mayor parte de ellas, poniendo sus armas en manos de los patriotas; y en dos columnas, la primera al mando de los Coroneles Velásquez y López, y la segunda al mando de los Coroneles Gutiérrez y Molina, vinieron por orden del Presidente a acampar en el cerro de Sipile, sobre Comayagüela, a la vista del enemigo, con cuyas avanzadas, situadas en la misma Villa, tuvieron dos escaramuzas sin más consecuencia que la concentración de las mismas en Tegucigalpa.

En ese mismo día el Presidente dictó varias importantes disposiciones, entre otras: la declaratoria de estado de sitio en toda la República y el nombramiento de Secretario General en el Subsecretario de la Guerra, don Carlos F. Alvarado, único de sus Ministros que le acompañaba, por haber caído prisionero el Licenciado Martínez, de Hacienda, el otro que intentó reunírsele en el Palacio. También nombró Gobernador y Comandante de este departamento al Licenciado don Policarpo Bonilla, quien aceptó bajo la condición de devolver esos empleos al estar instalado de nuevo el Gobierno legítimo en su Palacio. Fue asimismo nombrado ayudante del pagador y proveedor del ejército el joven Trinidad E. Rivera, quien, con la expedición y actividad que le caracterizan, prestó muy importantes servicios a las órdenes del Director de Rentas señor Muñoz.

En la madrugada del once los jefes acampados en Sipile comunicaron que se aseguraba la fusilación del Ministro Martínez en la Penitenciaría, noticia que a cada momento fue confirmándose, hasta que la dieron como absolutamente cierta, por haber visto enterrar su cadáver. Desde ese momento desapareció la alegría de los semblantes, que antes todos demostraban, más que estar en un campamento militar esperando el ataque del enemigo, hallarse en un paseo de campo.

Se temió por la vida de los demás prisioneros, y cada cual por la seguridad de sus familias, considerándose al traidor capaz de cometer los mayores crímenes; pero por otra parte aumentó el valor de todos, pidiendo marchar inmediatamente a combatir.

Llegó por la tarde de ese día el General Salignac, Comandante de Comayagua, con tropa de aquel departamento; y por la noche el General Reina y su segundo el Coronel Dávila, al mando de 80 hombres vinieron a reunirse en Sipile con las columnas de Velásquez y Gutiérrez. Les acompañó el Gobernador y Comandante de Armas Bonilla. Fueron recibidos con aplausos y vivas entusiastas, pues creían las fuerzas acampadas que se traía la orden de comenzar el ataque. Pero el General Bográn, que en toda esta campaña, y aun en los momentos en que peligró su vida, ha dado pruebas de la mayor serenidad y prudencia, a que debe su salvación, había prohibido atacar hasta que se incorporase el General Bardales con dos compañías de amapalinos y una de cholutecas, trayendo una pieza de artillería. Pocas horas después se nos incorporaron los Coroneles Ramírez y Córdova con fuerzas de Yuscarán.

Al mediodía del 12 el señor Presidente, con una compañía de Intibucá, y los militares y patriotas que habían quedado con él o se le incorporaron en el camino en número como de 200 hombres, llegó a Sipile y observó desde la altura las posiciones del enemigo, reconociendo como lo más fuerte e importante la de "La Leona", desde donde se dominan ambas poblaciones y nuestro campamento, al cual dirigieron varias granadas, que felizmente no causaron daño alguno.

Formó, de acuerdo con los Jefes, el plan de ocupación de la Villa, resolviendo qué posiciones debían tomarse.

El plan comenzó a ejecutarse en el más completo silencio al anochecer, y, en consecuencia, se estableció el cuartel general al sur de la iglesia, ocupándose la Escuela de Artes por el General Reina y los Coroneles Velásquez, Dávila, Gutiérrez y Molina, y los Tenientes-Coroneles López, Martínez y Ramírez; y la casa de doña Luisa López y contiguas por los Generales Salignac, nombrado ya Mayor General, Matute y Avilés.

Al apercibirse el enemigo de este movimiento, rompió sus fuegos de cañón y fusilería desde sus posiciones del palacio nuevo, casa de Zelaya, el antiguo rastro y bordes del río, causando la pérdida del

Teniente Pablo Morales, de La Paz, que murió al entrar a la Escuela de Artes.

Como a las once de la noche llegó el General Bardales con sus fuerzas, que colocó por el momento a retaguardia, levantando en seguida una trinchera en la primera cuadra de la calle principal, y mandando al Coronel Barrera con un cañón Krupp a ocupar el cerro de Juana Laínez. Fue destacado también el Coronel Serrano con la compañía de Choluteca a ocupar el Barrio Abajo y Cuartel de la División, movimiento ejecutado con felicidad, sin molestia por parte del enemigo, y que dio por principal efecto la protección de las familias, para el caso de realizarse el saqueo y violencias de todo género, que se aseguraba tenía proyectado el enemigo para el momento del ataque.

LA BATALLA Y LA VICTORIA

Al amanecer del 13 se inició por ambos lados el fuego de fusilería y de cañón. Como a las diez y media se observó que el enemigo parecía haber abandonado su línea de defensa frente a nuestras posiciones, el Presidente ordenó su ocupación. Fueron encargados de esa operación el General Matute, sobre el palacio de Gobierno y casa presidencial, y los Coroneles Gutiérrez, Velásquez y Dávila, y Tenientes-Coroneles López y Martínez sobre las otras posiciones.

Al oír esta orden, el Comandante de Armas pidió y obtuvo permiso para venir a observar de cerca el movimiento, llegando al puente en los momentos en que una de las compañías de ataque lo atravesaba. Por no ser militar, no tenía colocación en el ejército ni mando alguno sobre las tropas, y por eso se impuso a sí mismo la misión de mandar recoger los heridos, y de observar el aspecto de la batalla y las necesidades de los diferentes puestos, para dar cuenta a quien correspondiese.

Había contraído además el compromiso con los jefes, sus amigos políticos, de visitarlos en donde quiera que se encontrasen, para dar fe de sus actos y darles publicidad, y con los patriotas, de alentarlos con el ejemplo. Si cumplió o no su promesa, ellos lo saben. Y antes de describir a la ligera la batalla, haremos constar que el joven Abogado don Manuel Bonilla, al venir a pie, detrás del Comandante y sus ayudantes montados, frente a la plaza Cabañas, recibió un balazo en una pierna, que le impidió tomar otra participación en el combate, como él lo deseaba.

Las primeras disposiciones que se dictaron fueron las de atacar "La Leona", operación encomendada a los jefes que menciona el parte oficial, que por falta de espacio no reproducimos. Diremos sólo que el asalto se facilitó mucho por haberse colocado el Coronel Gutiérrez en la confluencia de la calle 8.ª y la 6.ª avenida, para interceptar las comunicaciones entre aquella posición y San Francisco; que necesitándose cortar la misma comunicación al extremo oriental de la avenida, fue despachado a ocupar aquel puesto el Coronel Dávila, quien, dejando una escolta suficiente, emprendió el ascenso de "La Leona" por la pendiente oriental, llegando a tiempo, pues fue de los primeros en ocupar la posición, y dejando herido mortalmente al Coronel Rafael Ramírez, a quien tres patriotas sacaron todavía vivo, por orden del Comandante de Armas y con el ofrecimiento de una gratificación, porque exponían gravemente su vida; que por orden superior el Coronel Gutiérrez siguió el mismo camino, llegando a la cima momentos después de tomada; a la vez que el Teniente-Coronel López, comprendiendo que se hacía inútil seguir guardando el puesto en que se le había colocado, emprendió también por el frente el ataque a "La Leona", adonde llegó después que los Generales Reina y Matute, y los Coroneles Velásquez, Dávila y Gutiérrez la habían asaltado por el mismo frente y este, y los norteamericanos al mando del Capitán Imboden y el Mayor Burke, acompañados por el Comandante Isaac Matute con una escuadra de soldados, y el paisano Antonio Cárcamo con otra de patriotas, descendiendo de "El Picacho"; el Coronel Beyer por la carretera, el Coronel Serrano de Choluteca y el Capitán Pinel de Amapala por la pendiente occidental, habían hecho lo mismo.

Tomada esta ventajosísima posición, no diremos que el éxito de la batalla estaba asegurado, pues nadie dudó nunca de nuestro triunfo, pero sí que disminuyeron los riesgos para nuestro ejército, quedando el enemigo reducido a la casa del Doctor Zúniga, el cuartel de San Francisco y la Penitenciaría. Se dictaron las debidas disposiciones para cortarles toda comunicación exterior, y principalmente entre sí, con cuyo fin fueron ocupadas y aspilleradas todas las casas vecinas por nuestras fuerzas, construyéndose dos trincheras en las avenidas 4.ª y 5.ª.

Esto dio por resultado que el enemigo abandonase la casa de Zúniga en la misma noche del 13; que los prisioneros tomados por Sánchez, de acuerdo con los soldados, se hiciesen dueños de la Penitenciaría en la tarde del 14; y que el cuartel e iglesia de San Francisco, único refugio de los traidores, cayesen en manos del Gobierno legítimo a las tres y media de la mañana del 15, después de haberlo abandonado el General Sánchez con unos cincuenta hombres entre jefes, oficiales y tropa. Al pasar uno de los dos grupos en que se dividió frente a la casa del Colegio de Niñas, ocupada por los Coroneles Gutiérrez y Dávila con los patriotas, el enemigo se vio obligado a abrirse paso a viva fuerza, haciendo nutrido fuego que recibieron a pecho descubierto los patriotas, quedando seis de ellos heridos, algunos gravemente. El enemigo tuvo dos muertos en este ataque y algunos heridos que después se capturaron. En el punto "El Guanacaste" se encontraban el General Villavicencio, y a la orilla del Río Chiquito el Teniente-Coronel López, de Nacaome, quienes hicieron fuego sobre los fugitivos, causándoles tres muertos y algunos heridos.

Así terminó la batalla, que ha llenado de gloria al pueblo hondureño, pues representado por tropas de varios departamentos dio muestras de heroísmo y de entusiasmo nunca visto, digno del mayor aplauso, por la causa de la legitimidad.

No conocemos el número exacto de las bajas de ambos ejércitos, pero muy aproximadamente las calculamos en treinta muertos, distribuidos por mitad, y sesenta heridos, de los cuales las dos terceras partes corresponden a nuestras fuerzas.

EL CASTIGO

El General Sánchez iba a ser capturado por patriotas de San Antonio y una escolta de las fuerzas del General Laínez, de Danlí, y prefirió suicidarse. Su cuerpo fue traído a esta ciudad. Su hijo Carmen Sánchez murió en "La Leona", acribillado a balazos, con un valor digno de mejor causa. El Teniente-Coronel Isidoro Pacheco, su brazo derecho, y la mayor parte de los oficiales y soldados que defendieron al traidor han sido capturados y juzgados. Fueron condenados a muerte diez y ocho; el Presidente, atendiendo a los impulsos de su propio corazón y accediendo a las súplicas de todos los liberales que habían expuesto su vida en la batalla, les conmutó la pena por la de presidio, que deben sufrir efectivamente, para escarmiento de traidores.

Así concluyó este sangriento episodio, que llenará varias páginas de la historia de Honduras, pero que, si manchará algunas, hará brillar en otras la gloria del pueblo hondureño, por la gran prueba de energía y moralidad que ha dado. Otras consideraciones del orden social y político surgen de este acontecimiento, que haremos en el próximo número.

21 de noviembre de 1890.

AL PARTIDO LIBERAL

Acabáis de dar una prueba de honradez y moralidad políticas acudiendo, al momento de tener noticia de que un Jefe traidor se había apoderado de los cuarteles y casa presidencial, a rodear al Gobernante que combatíais en el campo electoral, y con cuya política, en general, no estabais de acuerdo.

Habéis hecho eso por la sola convicción de ser vuestro deber, sin interés de recompensa alguna personal, ni otra esperanza que el afianzamiento de la paz, el orden y las instituciones del país, aunque hayáis de volver a quedar en vuestra anterior posición.

Habéis sido bravos en la pelea, y debéis ser magnánimos en el triunfo. Un valiente jamás es cruel; y si la vista de la sangre le enardece durante el combate, le horroriza la del vencido.

Se han juzgado los reos que acompañaron al traidor. El principal criminal murió, anticipándose a poner fin por sus propias manos a una vida de que debía dar cuenta a la justicia; y se ha hecho lugar a la clemencia. Diez y ocho de los culpables fueron condenados a muerte por el Tribunal Militar, pero han sido indultados o conmutada su pena por la de presidio según sus antecedentes y responsabilidad.

Que no se derrame una sola gota más de sangre hondureña, pues mucha es, por desgracia, la que cuesta ya este crimen.

Vosotros los Jefes militares y patriotas de Tegucigalpa y Villa de Concepción, que fuisteis los primeros en combatir a los traidores; vosotros que trastornasteis todos sus planes con vuestra actitud noble, generosa y valiente, impidiéndole engrosar sus filas y apoderarse de la persona de nuestro primer Magistrado; vosotros que habéis expuesto vuestra vida por tan santa causa, debéis dar una prueba más de vuestros nobles sentimientos y de fidelidad a vuestros principios, presentándoos en masa a dar las gracias al Presidente de la República por haber sabido interpretarlos tan fielmente e inaugurado una nueva era de regeneración social y política en el país. Otras veces me habéis escuchado, y confío lo haréis también ahora, pues no hago más que interpretar vuestros propios sentimientos, que me son bien conocidos.

Y no dudéis que los Jefes, Oficiales, soldados y patriotas de las demás poblaciones de la República, que han luchado como valientes hasta aniquilar el crimen, demostrarán al Jefe de la nación sus simpatías y gratitud porque al ser clemente ha correspondido a sus más ardientes deseos, que son los del pueblo hondureño que en estos momentos representan, y que se ha presentado digno ya del Gobierno verdaderamente republicano.

Si Honduras debe estar agradecida al General Bográn, porque con su actitud digna y valerosa en el momento del peligro pudo salvarla de los horrores de un militarismo desenfrenado, debe estarlo no menos porque con su clemencia hoy la coloca a la altura de las naciones que brillan por su civilización y moralidad, y nos hace esperar que será pronto una verdad en nuestra legislación la inviolabilidad de la vida humana, uno de nuestros principios fundamentales.

Tegucigalpa: 18 de noviembre de 1890.

APRECIACIONES SOBRE LA SUBLEVACIÓN DE SÁNCHEZ

Así como nos vimos obligados a referir los sucesos relacionados con la sublevación del General Sánchez, aunque hubiéramos de hablar de nosotros mismos o de nuestros amigos políticos, así nos vemos ahora precisados a hacer apreciaciones, que, por más que sean justas, preferiríamos leerlas en periódicos oficiales o semioficiales siquiera; porque de ese modo se lograría, a la vez que demostrar que el Gobierno sabe hacer justicia a sus adversarios, impulsarlos a repetir actos que salen de las comunes reglas de la política y exigen un considerable caudal de patriotismo, que es preciso acrecentar por el estímulo.

ACTITUD DEL PARTIDO LIBERAL

Pocos días antes de la sublevación, el partido liberal comenzó a organizarse en esta capital, y se iniciaron trabajos con el mismo objeto en otros departamentos. El primer fruto de esa organización fue el éxito obtenido en la lucha sobre elección de diputados; pues dondequiera que tuvo tiempo de trabajar, si no triunfó, poca diferencia de más llevaron las candidaturas oficiales.

El segundo fruto de ese principio de organización fue la posibilidad de asumir la actitud que el partido asumió en esta capital y en la vecina Villa, al ser conocida la traición de Sánchez. El partido en masa voló a proteger la persona del Presidente de la República, porque de su vida, de su libertad, dependía el triunfo de la bandera del partido: la legalidad. Así se vio el Presidente, desde el primer momento y durante los días siguientes, absolutamente rodeado de sus adversarios políticos o de los pocos empleados que cumplieron su deber, con la particularidad de ser los que dentro del Gobierno se glorían de llamarse liberales, y confiado a su lealtad e hidalguía, de que dieron pruebas todos sin excepción, desde el primero al último. Ninguno desde el principio hasta el fin de la campaña se permitió hacerle cargo o inculpación alguna, ni aun alarde del apoyo que le prestaban. Todos a porfía se esmeraban en demostrarle su celo y entusiasmo, pareciendo aquello a cualquier extraño sinónimo de la verdadera popularidad, aun a riesgo de que más tarde, explotado por los cortesanos, sirviese para hacer perder el fruto de tan bella lección de moralidad política, calificativo que muchas veces con ingenuidad le dio el señor Presidente.

Y mayor es el mérito si se toma en cuenta que toda aquella gente tan celosa y entusiasta estaba advertida por sus jefes de que no debían esperar un cambio de posición, pues todas las probabilidades eran de quedar en la misma que antes tenían; explicándose así por qué ningún reproche se ha dirigido a aquellos, al verse realizado su pronóstico. Estaban todos penetrados de que con tal conducta cumplían con un deber de patriotismo, para lo cual estaban preparados en su mayor parte de antemano, en previsión, no del caso que se presentó, imposible por entonces de prever, sino de cualquiera otro semejante.

Igual entusiasmo y celo han demostrado los miembros del partido en Choluteca, donde los capitalistas ofrecieron su dinero y los pobres sus personas, al tener noticia del suceso y de la actitud de los liberales en la capital, a pesar de los motivos especiales de queja contra el Jefe Militar del departamento; en Comayagua, donde en pocas horas se reunió un pequeño ejército, y los jefes del partido marcharon después a ofrecer sus servicios personales, que sólo por accidentes independientes de su voluntad no pudieron prestar; en Amapala, en La Paz, Danlí, Sabagrande, El Valle de Ángeles y otras poblaciones a donde hubo tiempo de telegrafiar, donde inmediatamente se reunieron fuerzas, y sólo por falta de armas o por obstáculos imprevistos dejaron de incorporarse a nuestro ejército algunas de ellas. Las fuerzas de esos lugares fueron las primeras que se presentaron en el campamento del Presidente, y casi las únicas que tomaron parte en la batalla; y han debido estar formadas de opositores a la política anterior del Gobierno, porque en las poblaciones de donde procedían, en las recién pasadas elecciones, los candidatos oficiales han obtenido una votación que no ha excedido del veinte por ciento de la base y ha bajado hasta al uno por ciento.

Si es cierto que en casi todos los otros departamentos, aun donde el partido liberal no ejerció su influencia en las elecciones, se reunieron fuerzas con gran prontitud, en mucho fue debido a la noticia de haberse salvado el Presidente de la República; a la facilidad con que se comunica el entusiasmo por una causa justa, principalmente cuando ese entusiasmo parte de aquellos de quienes no se espera; y a la seguridad que en todas partes debieron tener de que si el Gobernante estaba apoyado hasta por sus enemigos políticos, la traición había fracasado por falta de alimento.

Obteniendo el triunfo y decidida la suerte de los prisioneros, no volvieron a presentarse en la casa presidencial los vencedores sino por necesidad, como si hubiesen convenido en dejar al Gobernante en absoluta libertad para decidir lo que más conveniente le pareciese para su política o para el bien del país, a fin de que no se pudiese pensar que trataban de sacar ventajas de ninguna clase del servicio prestado a su patria.

Y desde aquel momento comenzaron a acudir de nuevo los fugitivos cortesanos, hasta quedar instalados como lo estaban antes. Fue llamado otra vez el antiguo ministerio, que durante la lucha estuvo lejos de su jefe; y al parecer, la situación política del país es la misma que antes de la sublevación.

En consecuencia, los miembros del partido liberal que quieren continuar en su seno y que han estado ejerciendo empleos, aceptados sólo para ayudar al triunfo de la causa, los han renunciado; porque habían convenido en no procurarse ventaja alguna personal, y en no aceptar participación en el ejercicio del poder, si el partido entero no era llamado a él, único caso en que podría trabajar con fruto por la realización del bien público, por el camino que se ha trazado.

En cambio, el partido liberal, que conserva su anterior independencia, ha logrado demostrar que es injusto el cargo de exaltados e intransigentes que se ha acostumbrado hacer a sus miembros, pues por los intereses de la patria ha transigido con el Gobernante mismo que combatía en uso de sus derechos; ha probado que sabe posponer sus personales intereses y aun los del partido, a los intereses generales del país; ha adquirido el derecho de hacerse oír del pueblo hondureño cuando en nombre del bien público le hable, porque ha probado que sinceramente lo desea; se ha captado la confianza y simpatías de todos los hondureños honrados y patriotas, porque saben que estará siempre dispuesto a combatir por defender la legalidad como quiera que sea atacada, ya por atentados en el interior, ya por imposiciones de fuera; y se ha colocado en posición de ser tomado en cuenta para decidir sobre los destinos de la patria, si en cualquiera de las otras Secciones de Centro-América se tratase de resolverlos, como ha sido costumbre antes de ahora.

ACTITUD DEL PARTIDO CONSERVADOR

En otra ocasión dijimos que este partido está en la actualidad en la imposibilidad de obrar, porque los pocos miembros que de él se conservan independientes no tienen la conexión necesaria para constituir una agrupación. Sólo así se explica que, no habiendo podido concertarse, no hayan prestado ningún servicio para el restablecimiento del orden; por más que le concedamos la mejor voluntad. Y nótese que hablamos de los conservadores independientes, que creemos profesan principios y tienen convicciones políticas, siendo capaces de arranques de patriotismo, porque pueden buscar, aunque por opuesto camino al de sus adversarios, también el bien público. Pueda esta lección servirles para tratar de organizarse como partido político.

CONSECUENCIAS

Si no fuera por las muchas desgracias personales causadas por la sublevación de Sánchez, deberíamos bendecirla, porque ha dejado grandes enseñanzas.

Se ha demostrado que el pueblo hondureño merece las instituciones republicanas que lo rigen, y debe ponerlas en pleno vigor; que el despotismo no puede existir, ni bajo el manto de mantener el orden que otras veces ha usado, porque el pueblo sabe mantenerlo por sí mismo; que las persecuciones y las arbitrariedades serían en adelante doblemente criminales, porque sólo podrían recaer sobre adversarios políticos del Gobierno que han probado a tan alta altura su amor y respeto por la legalidad; que el revestir de omnímodos poderes a las autoridades, especialmente a las militares, es una peligrosa arma de doble filo, que a la larga causa mayor daño al gobernante que la emplea que a aquellos contra quienes se trató de dirigirla; que, en consecuencia, vale mucho más el pueblo desarmado, pero viril y honrado, que el militarismo armado y corrompido.

Queda, por otra parte, bien probado que existe en Honduras una agrupación cuya organización como verdadero partido político se había iniciado antes de la sublevación; la cual, por su conducta en esa ocasión, ha conquistado el derecho de ser reconocida como tal partido, y de engrosar sus filas con todos los hombres honrados, independientes y patriotas que en el país existen. Esa agrupación continúa, como antes estaba, alejada del poder; y, en su vida independiente, proseguirá la obra de regeneración del país a que se ha consagrado. Aprovechará la ventajosa posición en que su conducta la ha colocado para pedir y ejercer sus libertades, para combatir los abusos, para engrosar sus filas, y hasta para conquistar el poder por el camino de la legalidad que siempre ha seguido; pero nunca recordará los servicios prestados para sacar ventajas personales, ni se quejará de que los empleos públicos se provean en sus adversarios, aunque éstos, por su conducta cobarde o desleal durante la pasada crisis, se hayan hecho merecedores del desprecio social. Por el contrario, se felicitará de poder mantenerse en la posición de centinela avanzado de las libertades públicas; y estará siempre dispuesta a repetir actos como el que ha ejecutado, aunque haya de obtener el mismo que en lenguaje cortesano se llama mal resultado, porque no toma en cuenta las personas sino el bien del país.

Los hechos que en nuestro anterior editorial referimos, y las apreciaciones que en el presente hacemos, tienen grande importancia, porque se trata de un suceso que resaltará en la historia de Honduras, y marcará quizá en ella una nueva época. Por lo mismo es extraño que la prensa oficial haya tratado la materia tan a la ligera. Esperamos que confirme o desmienta nuestras afirmaciones, y que, si en nuestras apreciaciones hemos incurrido en error, inicie discusión y nos convenza, o que si está conforme con ellas, lo declare. Ese será proceder franco y leal, y con él contamos, porque tal es y ha sido el nuestro.

28 de noviembre de 1890.

(De "El Bien Público", n.° 4.)

ORGANIZACIÓN DEL PARTIDO LIBERAL

Publicamos a continuación las bases de organización provisional del partido liberal acordadas en esta ciudad, las mismas que deseamos sean sustancialmente aceptadas por los demás departamentos. La inscripción de los miembros del partido se hará en esta ciudad, en casa del Licenciado don Policarpo Bonilla, donde se encuentra el libro para que se suscriba el acta por los que lo deseen.

En Tegucigalpa, a diez y nueve de octubre de mil ochocientos noventa.

Los suscritos, tomando en consideración el peligro de disolución en que se encuentra la agrupación política que en Honduras se ha llamado partido liberal, y la necesidad de organizarla como verdadero partido político con un ideal bien definido y una constitución que lo rija, a fin de que pueda llenar la elevada misión que le corresponde y aprovechar las enseñanzas y proseguir la obra de los grandes hombres que en sus filas han militado y de los que han sido mártires por tan noble causa; que para realizar tales propósitos es necesario un pacto de unión fraternal entre todos sus miembros que los haga solidarios en sus intereses políticos, en sus triunfos e infortunios y les permita prestarse mutua protección; y mientras ese pacto definitivo, que será la constitución del partido, se celebra, es conveniente proveer a la organización de éste de una manera provisional. Por tanto, han acordado aceptar las siguientes

BASES DE ORGANIZACIÓN PROVISIONAL DEL PARTIDO LIBERAL

1.ª—Formarán el partido liberal en Honduras: todas las personas que han formado la agrupación que dirigió como Jefe el Licenciado don Céleo Arias; todas las que, conformes en ideas y tendencias con dicha agrupación, por motivos personales o cualesquiera otros semejantes, hayan estado alejados de ella; y, en general, todos los que profesen las doctrinas liberales y hayan dado pruebas de independencia de carácter. Mientras se organiza definitivamente el partido, se considerará que su programa está sustancialmente contenido en el folleto titulado "Mis ideas", que publicó el Jefe del partido señor Arias, con ocasión de la lucha electoral de 1887. Y, para ser aceptado como miembro del partido, deberá aceptarse dicho programa y las presentes bases, y ser admitido por el Comité Directivo de que en seguida se hablará.

2.ª—Habrá en cada departamento o cabecera de sección judicial, militar o administrativa, un Comité Directivo del partido, que tendrá por objeto representar a éste y dictar todas las disposiciones convenientes a sus intereses. Estará compuesto de tres miembros propietarios y tres suplentes, electos en la primera sesión del partido, para la cual convocará a los miembros más conocidos de él cualquier persona que a él pertenezca y que no tenga empleo del actual Gobierno. Sus atribuciones y manera de funcionar serán determinadas en el Reglamento que el mismo forme. Si la iniciativa para la organización del partido se tomase en una población que no sea cabecera, allí se instalará el Comité.

3.ª—Habrá también Subcomités en todas las poblaciones donde haya Municipalidad, los cuales se organizarán como los Comités. Tendrán el mismo objeto que éstos y dependerán de ellos para todo lo que interese al partido en general o en el departamento.

4.ª—Instalado el Comité, procurará la inscripción, como miembros del partido, del mayor número posible de individuos que en él puedan figurar y cuando crea que hay suficientes, sin perjuicio de continuar aquella, convocará a elección del Jefe Provisional del mismo partido y del candidato para la Presidencia de la República en el próximo período, fijando la fecha en que aquella debe comenzar. Los votos se darán por escrito, individual o colectivamente, ante los Comités y Subcomités, donde los haya, debiendo certificar la autenticidad de ellos persona bien conocida, cuando no se presenten personalmente. Los Subcomités practicarán el escrutinio el mismo día que se termine la elección; y darán cuenta con el resultado al Comité dentro de cinco días. Los Comités harán el escrutinio general del departamento o sección, tres días después de vencidos los cinco antes indicados. Todo escrutinio se hará consignando los nombres de los electores y el del candidato respectivo. Practicado el escrutinio por el Comité, remitirá dos copias del acta: una al Comité de Tegucigalpa y otra al de Comayagua. Cada uno de éstos practicará el escrutinio general; y se comunicarán uno al otro el resultado, y también lo mandarán certificado al Jefe y Candidato que resulten electos. Todos los procedimientos antes indicados deberán estar terminados, lo más tarde, el 31 de diciembre próximo; y si se calculase por algún Comité que falta tiempo para ello, podrá restringir los demás plazos.

5.ª—El partido liberal celebrará una convención en Tegucigalpa, que se reunirá del 15 al 20 de enero próximo, salvo que el Jefe crea conveniente anteponer o posponer dicha fecha. La convención será formada por un representante de cada departamento o sección donde haya Comité, electos al mismo tiempo y en la misma forma que el Jefe Provisional, el cual tendrá su suplente. Pero, al practicar el escrutinio, el Comité departamental sacará tres copias, una para el representante electo y las otras dos para los Comités de Tegucigalpa y Comayagua.

6.ª—La convención tendrá por objeto: 1.°—Dictar la constitución del partido; 2.°—Declarar electo candidato para la Presidencia de la República al que haya reunido mayoría de votos o elegirlo si faltare o se anulase la elección; 3.°—Declarar electo definitivamente Jefe del partido al Jefe Provisional, o elegirlo si no hubiere resultado mayoría, o no pudiere desempeñar el cargo; y 4.°—Acordar todo lo que interese al partido.

7.ª—En toda elección o acuerdo del partido, Comités, Subcomités o convención, habrá resolución cuando haya mayoría absoluta de votos.

8.ª—El Comité del lugar donde resida el Jefe Provisional se elevará a cinco miembros, electos los otros dos por dicho Jefe. Y así organizado será su cuerpo consultivo y lo sustituirá en caso de falta.

9.ª—El Jefe Provisional presentará el proyecto de constitución del partido, y cualquier otro que estime conveniente; y preparará el local de las sesiones de la convención, las cuales presidirá con voto decisivo. También podrá proponer a los Comités la adopción de las medidas generales o locales que interesen al partido y recibir de ellos iguales proposiciones.

10.—Declarada en forma debida la elección de Jefe definitivo del partido y del candidato para la Presidencia de la República, las demás personas que hayan obtenido votos deberán hacer notorio por la prensa que aceptan al electo y excitar a quienes por ellos hayan votado para que lo reconozcan igualmente. Si no lo hicieren dentro de diez días de habérseles notificado el resultado del escrutinio, por ese hecho quedarán separados del partido.

11.—La elección de un miembro de Comité, Subcomité o de representante en la convención, o del Jefe Provisional del partido, deberá recaer en un miembro de éste que haya aceptado con anterioridad y expresamente estas bases, y que no ejerza empleo alguno del orden administrativo y militar en servicio activo. Iguales condiciones se requieren para ser electo candidato para la Presidencia de la República; pero si la elección recayere en un empleado de los indicados, que reúna las demás condiciones, no será nula si el electo renuncia su empleo diez días después de haberle sido notificado el resultado del escrutinio. Mas si al reunirse la convención no estuviere separado del empleo, declarará nula la elección y la practicará de nuevo en persona idónea.

12.—El partido tendrá asambleas departamentales y locales cuando para ellas sean convocados sus miembros por el Comité o Subcomité; y en ellas tratarán todos los asuntos que interesen al partido en el respectivo departamento o localidad. Podrán también reunirse haciendo la convocatoria cinco miembros, cuando los del Comité o Subcomité, tanto propietarios como suplentes, se nieguen a hacerla y haya de tratarse de asuntos en que estén ellos personalmente interesados.

13.—Podrá separarse del partido cualquiera de sus miembros cuando quisiere, exponiendo por escrito al Comité o Subcomité respectivo los motivos que tenga; pero en la próxima asamblea del partido deberá declararse si es justa la causa, o si la separación ha sido maliciosa o hecha por debilidad o cobardía.

14.—Toda resolución dictada por la mayoría del partido o de sus representantes será obligatoria para la minoría; y el que se negare a cumplirla deberá expresar por escrito los motivos. Esa negativa o cualquiera otra a dar cumplimiento a una disposición dictada en forma debida podrá ser motivo para la separación del partido, temporal o perpetua, que será calificada por la asamblea como en el caso anterior.

15.—Las presentes bases se propondrán para su adopción a los demás departamentos de la República.

16.—Al dictarse la constitución del partido, ésta sustituirá a las presentes bases; pero quedará subsistente todo lo que conforme a ellas se haya practicado definitivamente.

En consecuencia y en conformidad con las anteriores bases, se procedió a elegir los miembros del Comité de este departamento tanto propietarios como suplentes, resultando designados, por unanimidad: Presidente, Licenciado don Policarpo Bonilla; Vocal, el Licenciado don Dionisio Gutiérrez; Secretario, el Lic. don Miguel R. Dávila; Vicepresidente, el General don José María Reina; Vocal suplente, el Licenciado don César Bonilla; y Prosecretario, Lic. don Saturnino Medal.

Se levantó la sesión, firmando esta acta los presentes y las personas que después se adhieran.

(De "El Bien Público", número 4.)

ORGANIZACIÓN DEL PARTIDO LIBERAL

En nuestro número anterior publicamos las bases provisionales para la organización del partido liberal. Hoy reproducimos el folleto que el último Jefe del partido, don Céleo Arias, publicó en 1887, el cual, según dichas bases, contiene sustancialmente su programa, mientras se dicta su Constitución definitiva.

Muy lejos estamos de pensar que las bases propuestas sean una obra perfecta en política; pero su carácter provisional excusa sus defectos. Haremos, sin embargo, el juicio crítico de sus principales cláusulas, porque desde antes de publicarse conocíamos algunas opiniones erradas sobre ellas, que deseamos no prevalezcan.

I.—Definición de los miembros del partido.—Siempre se ha tachado a la agrupación que el señor Arias dirigió de exclusivista, sin duda porque no tuvo ocasión de probar lo contrario. En estas bases de organización, al definir los miembros del partido, se aceptan como tales no sólo a los de la agrupación que se dio en llamar Arista, sino también a los que en ésta no han figurado por cualquier motivo personal u otro semejante, como los que se incorporaron a la agrupación que durante algún tiempo se llamó Leivista, con tal que hayan sido antes y seguido siendo liberales. Además, como muchos hay que tal vez sólo por hábito se han llamado conservadores, si profesan los principios liberales y se identifican en los propósitos del partido que se trata de formar, suscribiendo estas bases, son también aceptados como miembros de él. Y así se comprende que gran número de jóvenes hayan abrazado con entusiasmo nuestra causa, a pesar de que sus padres han figurado en primera línea en el partido conservador. No podría ser de otro modo, pues dondequiera la juventud va adelante, y debe tener francas las puertas para marchar.

II.—Programa del partido.—Muy luminosos escritos nos legaron Barrundia, Gálvez y otros grandes publicistas del partido liberal, que vivieron en los mejores tiempos de la República en Centroamérica. De todos ellos se puede sacar un cuerpo de sana doctrina; pero, al menos nosotros, en Honduras, no conocemos otro documento que condense esa doctrina sino el folleto publicado por el señor Arias a que nos referimos en el principio de este artículo. Además, las ideas en él contenidas fueron aceptadas como propias por una numerosa agrupación en la lucha electoral de 1887, agrupación que se mantuvo unida hasta la muerte de aquel jefe, y que ha vuelto a presentarse engrosada durante la reciente lucha electoral. Esas ideas constituyen dondequiera el credo liberal, y no creemos que nadie que de serlo se precie pueda rechazarlas sustancialmente. Por todas esas razones se ha creído que, extinguido todo odio personal ante la tumba, nadie habrá de rechazar ese programa, si está en lo esencial de acuerdo con él, sólo porque fue firmado por el señor Arias; fuera de que al reunirse la proyectada Convención, la Constitución del partido sustituirá a ese programa, y será ya entonces la obra de todos sus miembros y no la de uno solo.

III.—Impersonalidad del partido.—La falta de una organización formal del partido liberal ha dado lugar para que se le considerase como un partido personal, y para que a sus miembros se les designase con el nombre de Aristas, a pesar de que en su mayor parte, inclusive el mismo señor Arias, hubieran aceptado para elevarlo al poder a cualquiera hombre apto en todo sentido para ejercerlo, con tal que hubiese profesado los principios y doctrinas que proclamaban. Personas importantes hay dentro del Gobierno actual a quienes esa prueba de transigencia consta.

Muerto el señor Arias, aquella indebida denominación del partido desapareció, y es ocasión de organizar un verdadero partido político. Bien se pudo provocar entre los amigos del Jefe que desapareció, como muchos lo quisieron, la elección de un nuevo Jefe; pero habría se repetido entonces la calificación de personalismo; y para evitarlo, se resolvió provocar la organización bajo un credo político, de manera que los que se inscriban como miembros del partido estén resueltos a aceptar como Jefe a la persona que la mayoría favorezca con sus votos, aunque no sea aquella por quien tienen sus simpatías. Logrado esto, en adelante los miembros de este partido no podrán ser designados por el nombre del Jefe, no se les llamará más fulanistas sino liberales; y no se creerán ligados a la persona del Jefe, sino por los compromisos contraídos para el bien general.

Ningún ciudadano, amante de su patria, podrá excusarse en adelante de ingresar a nuestro partido, sino porque no esté de acuerdo con nuestra doctrina; pero en ese caso, si no quiere ser un miembro inútil y hasta perjudicial a la sociedad, estará obligado, o a renunciar a toda intervención en la política del país y a ocupar cualquier puesto público, o a procurar la organización, en forma semejante, del partido contrario, e ingresar en sus filas, una vez organizado, si cree que en ellas puede contribuir más eficazmente a realizar el bien público.

Desde nuestro prospecto indicamos que a lograr la organización de los partidos políticos encaminaríamos principalmente nuestros esfuerzos, y hasta hoy lo hemos cumplido; teniendo la satisfacción de ver en buena vía de realizarse la de aquel a que pertenecemos, y con esperanza de que nuestro ejemplo sea seguido por nuestros contrarios. Creemos que si eso llega a lograrse, se habrá operado una verdadera revolución en Honduras, porque se habrá establecido la emulación para distinguirse por servicios prestados al país, y por los prestados a su propia causa, único medio de hacerse estimar por sus correligionarios y respetar por los adversarios; y se habrá logrado también hacer imposibles los rencores personales entre enemigos políticos, porque el verdadero patriotismo excluye el odio a la persona del enemigo o lo depone en el altar de la patria.

5 de diciembre de 1890.

"LA PRENSA"

El número 10 de este colega local trae un editorial firmado por nuestro particular amigo, Doctor don Alberto Uclés, que contiene apreciaciones sobre la historia del partido liberal en Honduras y sobre su organización, actualmente proyectada, con las cuales no estamos de acuerdo.

Nosotros mismos hemos reconocido que los partidos políticos, verdaderamente tales, no han existido en Honduras, por falta de una organización formal. Pero de esto a negar en absoluto la existencia del partido liberal hay gran distancia. Llenar aquel vacío es nuestro propósito; pero claro es que no hemos de tratar de llenarlo haciendo el vacío en derredor nuestro, es decir, prescindiendo de lo que existe, porque sería preciso crearlo todo, y no nos creemos dotados del poder creador. Sí nos parece humanamente posible dar nueva forma a lo existente, mejorarlo y encaminarlo a la perfección, y tal es el plan adoptado en las bases que hemos publicado.

Hablando de la agrupación liberal, dice "La Prensa": que "de algunos años a esta parte viene sufriendo un eclipse." Ningún conservador, pues entendemos que el señor Uclés no lo es, se atrevería ahora a decir tanto. Precisamente dice eso, cuando por primera vez en Honduras el partido liberal ha logrado sacar triunfantes candidatos suyos en el campo electoral luchando contra el poder, y dejar en muchos otros departamentos dudosa la victoria o disputable su legalidad; y cuando sin deberse a prestigio personal de jefe, que no tiene, sino sólo por impulso del patriotismo y la conciencia del deber, esa agrupación en masa, como un solo hombre, desde la más alta hasta la más baja clase social que la forma, se ha lanzado a defender la legitimidad, prescindiendo de motivos de odio o de rencor personal y aun del interés mal entendido del partido.

Que hoy no hay hombre alguno capaz de personificar el partido y de conducirlo a realizar las grandes empresas que llevó a cabo un Morazán, muy cierto es; pero he ahí precisamente la mejor ocasión para organizar un partido impersonal, pues estamos libres de llegar a convertir un hombre en ídolo, y seguros de mantenernos y de obligar a mantenerse a nuestros jefes fieles a los principios.

En conclusión, pedimos a "La Prensa" que, al combatir nuestro proyecto, defina sus ideas y tendencias actuales, como las tenemos nosotros bien definidas, y proponga algo práctico, realizable, en oposición al proyecto iniciado; y haga algo más, pues si cree que hemos errado los iniciadores del nuestro el camino para organizar el partido liberal, que emprendan ellos esa tarea, para que de ningún modo se frustre tan buen pensamiento; o que si nos hemos equivocado y quieren organizar otro partido distinto, que no podría ser sino el conservador, que emprendan esa obra con decisión y nosotros les aplaudiremos, pues ya hemos dicho que deseamos ver también a nuestros contrarios organizándose.

5 de diciembre de 1890.

J. P. Z.[17]

Así está suscrito un artículo que publicó como editorial el número 577 de "La Nación". No es la primera vez que tenemos la honra de discutir por la prensa cuestiones de interés público con ese juicioso escritor; y aunque ni entonces ni ahora hayamos estado enteramente de acuerdo, reconocemos que entonces como ahora, de los escritores oficiales o del lado del Gobierno, es el que ha tratado con más libertad y mejor criterio, y hasta con más imparcialidad, asuntos muy delicados de la política.

En esta ocasión, sentimos que el nombre del autor del artículo, que daría mayor peso en el ánimo de los hondureños a sus apreciaciones, no se haya publicado; y que, aunque sospechamos quién sea, no nos creemos facultados para consignarlo. Querríamos que su nombre propio autorizase esta soberbia declaración, que tan bien cuadra con las disposiciones de ánimo del pueblo hondureño: "No más Presidentes impuestos por la fuerza." La que nosotros traducimos así: "El pueblo hondureño, como soberano, habrá de designar en adelante libremente su gobernante, sin presión alguna exterior ni interior."

Por otra parte, consideramos como grave error en política el buscar la unidad de acción en todos los hondureños para procurar el bien común, para lo cual sería necesaria la unanimidad en las opiniones. Convenimos en que eso sería realizar un bello ideal, pero lo juzgamos sobrehumano, tanto que no se vio realizado en el Paraíso Terrenal, según la relación bíblica.

Nosotros hemos sostenido y sostendremos siempre que la mejor manera de realizar el progreso social es la formación de dos grandes agrupaciones políticas que, con intereses antagónicos y por caminos opuestos, se dirijan a realizar el bien público; pues sólo así se puede sostener la iniciativa individual y excitar el patriotismo. Si el señor J.

---

[17] General don Luis Bográn.

P. Z. cree que hemos entendido mal sus conceptos o cree que es errada la doctrina que desde nuestro primer número hemos venido manteniendo, tendremos a mucha honra entablar la discusión que hace la luz.

5 de diciembre de 1890.

NUESTRO PROSPECTO

Siempre es bueno que, de tiempo en tiempo, el periodista haga una especie de examen de conciencia, para saber si en algo ha faltado a las promesas de su prospecto, o si les ha dado fiel cumplimiento. Aunque nosotros no nos creemos aún obligados a ello, porque es este el sexto número que publicamos, queremos aprovechar la ocasión que la suerte nos ha deparado de poder demostrar tan pronto el cumplimiento de algunos de nuestros propósitos y aun de algo que podríamos llamar profecías.

Dijimos en nuestro prospecto: "Creemos que el partido liberal debe representar en Honduras la legalidad, y trabajar sin descanso por llevar la regularidad al Gobierno, por hacer conocer y apreciar por todos los habitantes del país el verdadero sentido de las instituciones republicanas, para que sean prácticas". Y nuestra creencia ha quedado justificada con la actitud que asumió el partido ante la traición del General Sánchez.

Dijimos también: "Creemos que el partido liberal debe ser celoso defensor del orden y la paz, porque solo en su seno puede desarrollarse y ejercer influencia en la sociedad. De la anarquía, de la guerra, ningún fruto puede recoger; pues larga y dolorosa experiencia nos demuestra que si Centroamérica no ha progresado cuanto debiera y carece de instituciones, lo debe a las facciones que se han alimentado en su seno, o a la intervención de los unos Estados en los otros, para imponer un gobernante que cree poder convertir en su instrumento, y a cambio de serlo le prestan su apoyo para que no necesite el del pueblo que gobierna ni tome en cuenta la opinión pública. Así se han fabricado todos los déspotas". Y el partido liberal ha cumplido la primera parte, objeto de nuestra creencia, combatiendo con energía y entusiasmo la facción de Sánchez. Así esperamos que, llegado el caso, pruebe también que sabría resistir toda imposición que pueda dar por resultado el establecimiento de un Gobierno por la fuerza.

Con su conducta en la pasada crisis, el partido liberal ha logrado asimismo establecer la verdad que encerraban nuestras palabras, cuando dijimos: "Creemos que debe combatir con energía toda ley, todo acto de administración que crea inconveniente para el país; pero que debe, en cambio, apoyar toda medida que juzgue provechosa, proponer toda reforma que crea útil, secundar todo proyecto que implique el progreso o la honra de la nación. No consideramos que ese partido es, por su naturaleza, partido de oposición. Creemos, por el contrario, que, por remoto que parezca, debe esforzarse por llegar a tener el poder a su servicio, como el mejor medio para realizar sus fines. Y mientras tanto, antes que permitir que se alejen indefinidamente, debe procurar que sean acogidas por el Gobierno sus ideas. Lo creemos así porque no somos de aquellos que, por no estar en el poder o cerca de él, preferirían ver al Gobierno extraviarse más y más, y hasta impulsarlo a ello, aunque arrastre al país a su ruina, para que llegue a tal punto su desprestigio que se haga fácil derrocarlo por la fuerza. Antes que verlo de ese modo perecer, preferimos que se convierta y viva".

Por otra parte, si nuestras esperanzas se han visto realizadas por lo que al partido liberal se refiere, poco faltó para que se viese también cumplido en absoluto nuestro pronóstico respecto a los cortesanos del poder.

Hemos hecho estas reminiscencias porque queremos que nadie se equivoque al juzgar la conducta del partido liberal al apoyar la legalidad. No lo hizo por acto irreflexivo, sino porque los hombres que lo forman están convencidos de que solo manteniéndose el imperio de la ley en Honduras puede trabajarse con éxito por el bien de la patria; de manera que si otro que no hubiera sido Sánchez hubiese alzado la bandera de la rebelión teniendo por base un crimen, igual habría sido su conducta, e igual será en cualquiera otro caso que en tales condiciones se presente.

En el número 2 de esta hoja, desarrollando nuestras ideas, dijimos que para hacerse fuerte el Gobierno en Honduras "necesita estimular el proverbial valor del soldado hondureño, dejando vivir en él al ciudadano; enseñándole como ideal que defender la libertad individual de que disfrute, instituciones que le sean queridas y el honor nacional no mancillado; y mostrándole como altar en que ha de sacrificar su vida el de la patria, y no el levantado a un hombre endiosado, ya que en una República no se puede ordenar, como un autócrata a sus esclavos, ir a la muerte sin preguntar por qué". Y ha resultado también comprobado nuestro aserto; pues al ocurrir la sublevación de Sánchez se comenzaba a saborear la libertad de imprenta y se acababa de ensayar la del sufragio, que si no fue tan completa en todo el país como en esta capital, no debió inculparse en esa vez al Presidente de la República, y así lo hizo constar la prensa independiente, sino a subalternos incapaces de elevarse a la altura de un pensamiento patriótico, y expuestos a ver probado su completo desprestigio habiendo de trabajar solo con legítimos medios.

Que sea provechosa para el gobernante la lección, y deje al pueblo hondureño, que bien probado tiene lo merece, el completo goce de los derechos que por las leyes fundamentales tiene garantizados; y para no exponerse a violarlos, que, correspondiendo a aquella lección, dé otra de moralidad, retirando su confianza a aquellos empleados que tienen bien probado ser aptos para secundar el mal, pero nunca para llevar a efecto un patriótico designio. Eso tiene derecho a esperar el pueblo hondureño, y eso espera. Si esa esperanza se realiza, ya sabe el Gobernante que en sus mismos opositores encontrará siempre el mayor celo y el principal apoyo para el mantenimiento del orden o para su restablecimiento.

12 de diciembre de 1890.

A "LA PRENSA"

En dos artículos se ocupa este colega en su número II del proyecto de organización del partido liberal, cuyas bases provisionales hemos publicado. Vamos a ocuparnos de analizar los principales conceptos contenidos en dichos artículos, declarando, desde luego, que nos ha causado verdadera satisfacción el haber quedado en la posibilidad de seguir esperando que podemos llegar todavía a entendernos con el colega para ejercitar acción común en bien del país, y el ver que ha resistido a insinuaciones de la prensa semioficial, cuyo objeto de producir una ruptura se veía claramente.

Ya hemos explicado desde nuestro prospecto las razones, no solo de conveniencia, sino de verdadera necesidad, para tomar como principio de organización del partido liberal la agrupación que con ese nombre dirigió el señor Arias; y en artículos posteriores hemos ampliado nuestras explicaciones. Tales razones nos parecen más que suficientes para que "La Prensa" se hubiese dado por convencida; pero le diremos todavía a ese respecto que, siendo los iniciadores del proyecto miembros de aquella agrupación, natural, lógico y absolutamente necesario era que ante todo contara con los liberales que, sin temor de ningún género, habían trabajado con ellos de acuerdo, pues estaban seguros de su cooperación; y en ningún caso deberían prescindir de ellos por buscar prosélitos entre los liberales, bien conocidos como tales, que fuera de la agrupación existían, con quienes no estaban seguros de entenderse. Prueba de ello tienen los redactores de "La Prensa", pues, habiéndoseles invitado de los primeros para organizar el partido, cuando aún estaban por discutirse las bases, se negaron a formar parte de él por entonces y hasta el presente. Si se hubiese quedado esperando a recoger solo esos nuevos elementos de que tanto se nos habla, hoy estaríamos como al principio, sin dar un paso adelante.

Respecto al programa adoptado provisionalmente, creemos innecesario insistir en las razones que para ello se tuvieron en cuenta, que ya hemos dado. Ciertamente no fue formado para servir de programa del partido; y por eso hemos dicho que sustancialmente contiene las ideas y aspiraciones del que se trata de organizar, no porque haya de cumplirse a la letra, sino porque en los principios que contiene habrá de descansar la Constitución definitiva.

Encontramos sentado un grave error, a nuestro juicio, que queremos rectificar. Pretende "La Prensa" que nuestro programa, si sería bueno para serlo de Gobierno, no lo es para serlo de partido; porque este último debe contener "aquella parte de doctrina que, conformándose con nuestra Constitución Política y nuestro estado social, sea posible llevar a la práctica inmediatamente, teniendo en cuenta las circunstancias del momento". Y nosotros pensamos al contrario, que eso es lo que debe prometer un Gobernante; pero que un partido debe consignar todos los principios fundamentales que deban servir de base a sus doctrinas, sean o no conformes a la ley escrita, como el ideal a que aspire, sin perjuicio de obligarse a darse por satisfecho con la parte que le sea posible ir realizando de sus propósitos, y a mantener lo que conquiste hasta consolidarlo.

Así creemos que, si la Constitución escrita del país debe ser objeto de culto y veneración para todos los partidos al obrar, puede ser —y es dondequiera— en su esencia o en su desarrollo el origen de la discordancia; porque los unos la quieran más avanzada y los otros la quieran menos; porque los unos traten de extender el alcance de sus disposiciones en lo referente a garantías y derechos del ciudadano, poniendo trabas al poder público para atentar contra ellos, y los otros quieran restringirlo, extendiendo por otra parte los medios de acción del poder, so pretexto de fortalecer el principio de autoridad.

Se trata de organizar un partido no solo de propaganda, sino también de acción, que no se quede en la región del idealismo; y como sus iniciadores no tienen el poder en sus manos, claro está que han debido tratar de formarlo con hombres independientes, ya por su carácter o por no tener compromisos de ningún género con el Gobierno en política, pues ese partido ha de tener la suya propia.

Llegamos a pensar que "La Prensa" no ha estudiado detenidamente nuestras bases, cuando dice que "para mantener la disciplina es preferible a la ciega obediencia, la voluntad reflexiva". Nada puede ser más liberal que la regla adoptada para las decisiones del partido: "Lo que la mayoría resuelva deberá ser cumplido: quien no quiera cumplirlo que se retire del partido". Si hay otra mejor, que no la concebimos como no sea más severa, desearíamos que se indicase, como desearíamos que se indicase también por "La Prensa" la manera de sustituir otras de las reglas que de las bases combate, según se lo pedimos en nuestro anterior artículo. Muy fácil es ciertamente señalar el defecto, pero no lo es tanto encontrar la manera de corregirlo.

¿Qué queremos nosotros? Que el partido liberal se organice de una manera impersonal, para que sea un verdadero partido político, incluyendo en su seno a todos los hondureños que liberales sean. ¿Qué pretexto pueden tener para no ingresar a él los que antes no fueron aristas? Si forman la mayoría, predominarán en él y harán prevalecer sus propias ideas, y los que aristas se llamaron de antemano se resignan. Pero si forman la minoría, que a su vez ellos se resignen, y no nieguen su concurso para la obra patriótica de unificar el partido. Si en ese caso se hallan los redactores de "La Prensa", esperamos que pronto formen en las filas del partido liberal, pues muy valiosa sería su cooperación, sin que por eso pierda su periódico el carácter de independiente, puesto que continuarán sosteniendo en él sus propias ideas, mientras no perjudique al triunfo de la causa que ellos desean.

Felicitamos a "La Prensa" por haber rechazado los elogios que les prodigó el señor X. X. en "La Nación", comprendiendo, sin duda, su verdadero objeto: dividir. El abrazo que le brindó era abrazo de muerte. Para ocuparnos del señor X. X., dejamos a "La Prensa", suplicándole tome nota de lo que a aquel vamos a decirle, pues tiene íntima relación con la materia que hemos venido discutiendo. Considerémosle como enemigo común, franco o embozado, y unamos nuestras fuerzas para hacer común la defensa, si como esperamos nuestro colega se convence de que es más peligroso adversario que adula que adversario que insulta. ¡Alerta!

12 de diciembre de 1890.

AL SEÑOR X. X.

Sentimos tener que dirigirnos a un desconocido, y por lo mismo irresponsable ante la opinión pública, de los graves asertos y apreciaciones que contiene el editorial titulado "Aclaraciones importantes", que publicó "La Nación" del último miércoles. Nos preguntamos: ¿Será el señor X. X. un liberal? ¿Será un conservador? ¿Será simplemente un cortesano? ¿Estará dentro o fuera del Gobierno? Esas mismas preguntas repiten todos, si no en voz alta, *in pectore*, porque bien se comprende que, para juzgar de la verdad que encierre un escrito de esa clase o de la sinceridad de su autor, sirve de mucho conocer sus ideas y sus antecedentes; bien se comprende que hay hombres a quienes está vedado hablar a sus conciudadanos, porque hasta la verdad se oscurece al pasar por sus labios o por su pluma. ¿Se halla en este caso el señor X. X.? O, por el contrario, ¿es una persona respetable, de limpios antecedentes, de quien pueda temerse error alguna vez, mala fe nunca? En el primer caso, nos libraríamos del trabajo de contestarle. En el segundo, nos empeñaríamos mucho en convencerlo de error o en hacernos convencer por él. Nosotros siempre firmamos lo que escribimos, porque estamos dispuestos a responder por ello; y esperamos que el señor X. X. tendrá la cortesía de darnos su verdadero nombre cuando de nosotros o de nuestro periódico se ocupe, para que pongamos como juez de nuestros actos y de nuestros escritos a la opinión pública.

Por falta de espacio y de tiempo vamos a contestar brevemente al señor X. X., reservando para otro número el tratar impersonalmente y con más extensión cuestiones importantes que ha tocado.

El Gobierno empeñó batalla electoral contra nuestra agrupación, única que se le presentó como adversario, puesto que las autoridades departamentales y locales que de él dependen trabajaban por determinados candidatos. De esto nos ocupamos ya en nuestro número 2, y a él remitimos a nuestros lectores. Si de la intervención oficial se quieren pruebas escritas, tenemos en mano la circular del

Comandante de Choluteca, fecha 1.º de octubre, proponiendo su candidato.

El señor X. X. habla de dos agrupaciones que lucharon una contra otra. Conocemos la nuestra, pero no dice cuál fue la otra. Si fue la mayoría liberal de que adelante habla, falta saber si esa mayoría está con el Gobierno o fuera del Gobierno, o contra el Gobierno. Si es la que lo rodea, resulta que el Gobierno empeñó la lucha. Si está lejos de él o contra él, preguntamos: ¿qué agrupación es la que lo apoya? No queda sino la conservadora, y no sabemos si al Gobierno convenga hacer tal confesión.

Es falso que don Policarpo Bonilla haya propuesto su candidatura al General Bardales; y si, como dice X. X., fue apoyada por él, o como nosotros sabemos simplemente dejó de combatirla, lo hizo espontáneamente. El General Bardales, como cumplido caballero que es, confirmará nuestro aserto. Hombre de carácter recto e independiente, como lo consideramos, estamos seguros de que rechazará como una ofensa la suposición de que, por su intimidad con el General Bográn, hubiera seguido sus insinuaciones para apoyar la candidatura oficial, aunque por la de oposición hubiesen estado sus simpatías y la hubiese creído más conveniente para el país y para el partido liberal a que pertenece de corazón, por más que no se haya incorporado en la nueva organización que se le está dando.

Es también falso que el señor Bonilla haya propuesto su candidatura al General Williams. Como amigo particular le escribió pidiéndole, no su apoyo, sino su neutralidad, es decir, que no faltase a sus deberes, cualesquiera que fuesen las órdenes que recibiese; a la vez que le participaba haber propuesto aquella a sus correligionarios, con quienes él no tiene ninguna clase de relaciones. La neutralidad del Comandante Williams no se logró, porque, según fuimos informados, se había ya comprometido a sacar diputado al honorable señor Corrales, a quien la oposición no encontró más tacha que el ser candidato oficial.

Por consiguiente, siendo falsos sus asertos, y por eso sentimos más que sean anónimos, falta la prueba que el señor X. X. buscaba de la no intervención del Gobierno en las elecciones, y más bien resulta lo contrario.

Tenemos acopio de datos sobre los abusos cometidos en el departamento de Choluteca con motivo de las elecciones. No les hemos dado ni pensamos darles publicidad, a menos que oficialmente se nos pida; porque creemos que, después de los sucesos originados en la rebelión Sánchez, no debe darse pábulo a las animosidades creadas por las elecciones, ya que suponemos que el Gobierno habrá rectificado, y más bien se felicitará por la mucha importancia que alcanzaron los trabajos de la oposición, de que tanto provecho sacó. ¿Habrá llegado a noticia del señor X. X. aquella sublevación y los sucesos posteriores? Su nombre sería quizá una respuesta a esta pregunta.

Basta sobre elecciones. Pasamos a ocuparnos de la cuestión de partidos; y como el señor X. X. habla de historia, imitaremos su ejemplo.

Cuando en 1872 el señor Arias ascendió al poder, se le separó poco después el señor Leiva con un pequeño grupo de liberales, que se ensanchó un tanto a la caída de aquel; y al tomar este posesión de la Presidencia en 1874, como el pequeño grupo liberal que rodeaba al señor Leiva no era suficientemente fuerte para sostenerlo en el poder, se vio obligado a proclamar la fusión de los partidos (la idea del partido nacional que entonces apareció por primera vez), lo que hizo imposible ya la unificación del partido liberal.

En consecuencia, se vieron mezclados en el gabinete y en los demás puestos públicos conservadores (que entonces no se avergonzaban de serlo) y liberales (que siempre se han gloriado de llamarse así); y a nadie, ni al mismo señor Leiva, se le ocurrió llamar mayoría liberal a los hombres que lo acompañaban. La sola señal de fusión que se vio fue la sustitución de la divisa azul y blanca, en lugar de la verde (conservadora) y roja (liberal, la misma a que recurrió el señor Leiva cuando fue defeccionado, y la misma que usó el ejército legitimista al entrar a esta capital a debelar la traición de Sánchez). Por lo demás, los hombres de ambos bandos continuaron llamándose conservadores y liberales.

Mas llegó el 16 de diciembre de 1875, y lo que era lógico sucedió. El entonces jefe del partido conservador, General Medina, se sublevó contra el Gobierno del señor Leiva, y lo siguieron los conservadores pronunciándose también contra él, y combatiéndolo hasta hacerlo capitular en Cedros. Muchos meses sostuvo la lucha. ¿Y quiénes lo acompañaban? Los liberales que formaban su círculo, y los jefes militares aristas que había llamado al servicio.

No gozó Medina del fruto de su inconsecuencia. El Gobierno de Guatemala impuso al entonces Presidente, Licenciado don Crescencio Gómez, que entregase el poder al Doctor Soto, y accedió.

Soto, sin hablar siquiera de fusión, sin permitir que nadie se llamase liberal o conservador, fundó un Gobierno personal, porque así convenía a sus personales miras; y durante los siete años de su administración borró todas las distinciones de "aristas", "leivistas" y "conservadores".

Viose Soto obligado a dejar el poder; sucediole el General Bográn, rodeado de todo el prestigio de un hombre nuevo; llamó antes a su lado a los conservadores de antaño, mezclados con antiguos leivistas, y por ello renació, improvisadamente, la agrupación arista, que desde entonces tomó el nombre de liberal. Improvisó una lucha electoral a que muchos aristas no prestaron su concurso. Continuó el General Bográn, en lo relativo a los partidos, el sistema del señor Soto. Llegó la época de la lucha electoral de 1887, y la agrupación liberal se presentó engrosada, con la mayor parte de los que habían sido aristas y muchos otros que nunca antes lo fueron. Murió el señor Arias, jefe de aquella agrupación; y, pasado el riesgo de una guerra con El Salvador, aunque muy tarde ya, esa agrupación resolvió organizarse de una manera impersonal, sin jefe alguno cuyo nombre pueda tomar; entabló la lucha electoral en los departamentos donde tuvo tiempo de hacerlo, de cuyo verídico resultado hemos dado cuenta en otros números; defendió la legitimidad contra la traición; y después ha continuado y continúa su trabajo de organización, creyéndose más que nunca con derecho a llamarse partido liberal, porque cree haberlo conquistado a precio de la sangre o del peligro de la vida de sus miembros; porque no se presenta otra agrupación que se lo dispute, ni se la puede acusar de inconsecuencia por la cual no merezca aquel nombre; y esperando que los hombres de corazón del partido conservador imiten su ejemplo, uniendo sus esfuerzos para consolidar el imperio de la ley.

Ahora preguntamos: ¿Quién sino nuestra agrupación ha hablado al pueblo en nombre del partido liberal para proponerle candidatos?

Y entonces: ¿Dónde estaba y cómo funcionó esa mayoría liberal de que habla X. X.? Nosotros solo vimos enfrente, y combatiéndonos, al partido oficial de que otras veces hemos hablado.

Y preguntamos también: ¿Quiénes forman la mayoría liberal de que se habla? ¿Estarán en ella el jefe del partido conservador, sucesor del General Medina, y otros hombres bien conocidos del mismo partido? Pensamos que nos veremos obligados después a contestar esta pregunta y otras muchas que creemos por ahora conveniente reservar.

Dice el señor X. X. que la fracción arista (manifiesto anacronismo) podrá hacer mucho bien si se une a la mayoría liberal (investigaremos dónde podemos encontrar la de que se trata) y acepta el concurso de los demás ciudadanos que se adhieran a los planes de mejora (no sabemos de qué fracción provendrán esos ciudadanos, puesto que parece ha desaparecido de la memoria del señor X. X. la conservadora).

Esto es hacer desaparecer las fracciones o partidos, lo cual creemos lo más pernicioso al país; considerando, en cambio, como lo mejor, esas luchas y combates que tal vez con razón teme el señor X. X. para los suyos. Ya lo hemos dicho: queremos un solo partido liberal, y un partido conservador, y que desaparezca el oficial, devolviendo a cada uno los elementos que le ha robado. No queremos fusión, porque tenemos el ejemplo del 16 de diciembre de 1875, y porque creemos que, siguiendo el camino que nos hemos trazado, seremos más útiles al país, y aun al Gobierno mismo. Lo creemos así, porque, aunque sean pocos los habitantes de Honduras, en ningún tratado de derecho público hemos visto que sea esa una razón para que no haya partidos.

Repetimos al señor X. X. nuestra súplica de que, al replicarnos, si lo hace, nos dé su verdadero nombre, como nosotros lo hacemos.

AMPLIACIONES

A nuestra vez vamos a hacerlas, para contestar al editorial que con el mismo título publicó el número 583 de "La Nación", firmado por J. P. Z.

Hemos dicho que los partidos se crean por "la formación de dos grandes agrupaciones que, con intereses antagónicos y por caminos opuestos, se dirijan a realizar el bien público". Esto lo tratamos extensamente en nuestro prospecto, y, por consiguiente, no lo hemos dicho a la ligera. Tal vez el señor J. P. Z. no leyó aquel escrito nuestro, y lo sentimos; porque, si no está de acuerdo con nuestras ideas y propósitos allí consignados, habríamos deseado verlos por él combatidos, ya que, en adelante, todos nuestros trabajos no serán sino el desarrollo de aquel.

Nosotros no queremos que en nuestra sociedad se creen intereses antagónicos. Ya hemos dicho que sería mejor que no los hubiera, pero que eso no se ha logrado en ninguna nación salvaje o civilizada; pudiendo suceder que permanezcan ocultos, por corto o largo tiempo, pero mostrándose más fuertes que nunca tan pronto como de libertad se disfruta. Pretender destruirlos es una utopía, es perder el tiempo en balde y gastar las fuerzas improductivamente, porque es luchar contra una ley de la naturaleza humana, que le imponen la libertad y la razón de que disfruta. Hemos dicho también que ese antagonismo se traduce principalmente en la política, porque es el medio de llevar a la realidad los demás fines sociales.

Mas nunca hemos pretendido ni pretendemos que al interés de partido se sacrifique el bien de la patria. Lo contrario hemos sostenido con nuestra pluma y practicado recientemente.

Y aunque no se trate de cuestión vital para el país, como la que acaban de resolver las armas en favor del orden público, hemos sostenido que pueden los partidos ponerse de acuerdo en casos concretos y ejercer acción común. Así dijimos en el prospecto que, por ahora, lo que se necesita es "conservar lo poco bueno que tenemos, destruir lo mucho malo que nos sobra e introducir lo mucho bueno que nos falta", refiriéndonos a las instituciones; y que, por ahora, a esa obra "bien pueden contribuir confundidos en fraternal abrazo los que antes se han llamado liberales o conservadores, que se hayan mantenido independientes dentro o fuera del Gobierno". O, en otros términos, que deben los hombres independientes hacer una especie de examen de conciencia; y, prescindiendo de su anterior denominación, resolver en qué agrupación se alistan, para trabajar por el bien del país. Aclararemos estos conceptos.

Durante muchos años la autoridad lo ha hecho todo en Honduras, y lo ha hecho a su sabor, sin contradicción alguna, porque ninguna voz ha tenido medios de hacerse oír, siquiera para protestar. Por eso ha parecido unánime la opinión pública en favor del sistema político y administrativo seguido por el Gobierno, cuando alguno ha seguido, sin saberse si podría presentarse otro enteramente contrario. ¿Será esa la unanimidad que quiere el señor J. P. Z.? No lo creemos, porque esa unanimidad aparente solo la engendran el despotismo o la ignorancia. Nosotros deseamos acabar con ella; y el medio que encontramos es procurar que tengan libre acción los partidos, cuyos intereses opuestos no se muestran por apatía, temor o hipocresía, pero se despertarán tarde o temprano.

Para obras determinadas de progreso, y aun para ciertos proyectos políticos, comprendemos que puedan ponerse de acuerdo los partidos; pero se supone que existen, y el acuerdo en que entren no debe hacerles perder su existencia independiente. Así, concretándonos a los ejemplos presentados por el señor J. P. Z., diremos lo siguiente.

No creemos que sobre la Unión de Centroamérica haya en Honduras verdadera unanimidad, a pesar de considerarlo el pensamiento más popular que aquí pueda presentarse. Ha habido la aparente de que hemos hablado. Si se discute otra vez, cuando ya el pueblo se haya acostumbrado al uso de la libertad, creemos que aun en la mayoría que sinceramente desea la Unión habrá discordancia sobre los medios de realizarla.

Creemos que el pueblo hondureño unánimemente desea la construcción del ferrocarril interoceánico, pero no sucede lo mismo, de seguro, respecto a la apreciación de las contratas celebradas; pues para muchos, aun de los que las han aprobado en el Congreso, son malas, ya por falta de garantía, ya por la forma del arreglo de la deuda o por diferentes motivos; y por otros son consideradas como una gran obra de habilidad financiera.

Respecto al partido nacional proyectado, nosotros tenemos la esperanza de que el Presidente de la República rectificará su proyecto; y, en vez de ese partido sin base real, tratará de que se unifique por un lado el partido liberal y por otro el conservador. Él, que conoce los hombres en Honduras, debe saber apreciar si aquellos que, de los diferentes círculos, lo han felicitado son genuinos representantes de los intereses de esos círculos y de la opinión pública, o han sido guiados por su personal interés.

Organizados los partidos, verá el gobernante aparecer los encontrados sistemas que hoy no percibe; y entonces podrá resolver con más acierto cuál le parece mejor.

Y cuando los partidos, obrando con entera independencia, lleguen a ponerse de acuerdo en casos dados, el gobernante podrá estar seguro de que la opinión pública favorece su proyecto. Mientras tanto, y con mayor razón, mientras predomine la idea de que al poder público corresponde el monopolio de la política, debe desconfiar de las opiniones de los que mucho se le acercan, porque están acostumbrados a no contradecirle nunca, y a pensar en nombre de él y no en el propio.

La materia de que tratamos es fuente inagotable de cuestiones de interés público de actualidad. Por eso volveremos a ocuparnos de ella con frecuencia.

19 de diciembre de 1890.

SATRAPÍAS

En la antigua Persia se encargaba el Gobierno de las provincias a una especie de delegados del Monarca, llamados sátrapas, investidos de omnímodos poderes.

Gemían los pueblos bajo el mando de aquellos semimonarcas, cuya sed de sangre no se saciaba con las innumerables víctimas que su antojo les indicaba, para ordenar cortarles la cabeza, o hacerlas morir en la horca, o en el atroz suplicio del palo, o entre los más crueles tormentos. Ni se saciaba su codicia con despojar de continuo, para su propio beneficio o el de sus verdugos, a los súbditos que más riquezas poseían y les señalaba su capricho; ni su lascivia se apagaba con deshonrar a las más virtuosas matronas de sus dominios.

Y todo esto hacían a vista y paciencia del Monarca persa, que no podía corregirlos, porque… porque eran las costumbres de la época; si bien más de una vez tuvieron que arrepentirse de su complacencia o debilidad, porque alguno de aquellos sátrapas, rodeado de pompa regia, adulado por sus cortesanos y engreído con su poder, llegó a figurarse que lo ejercía en su propio nombre y no como delegado. Más de una vez el sátrapa, así ensoberbecido, se alzó contra su soberano; y como en los pueblos que mandaba solo su poder conocían y no el del Monarca, y eran sus súbditos hombres esclavizados, sin idea alguna de patria, costaba torrentes de sangre debelar la traición; y el éxito lo debía el indolente Monarca persa, no al prestigio de su autoridad, que no existía, sino a la rivalidad natural de los otros mandarines, porque por el momento no podían tal vez seguir su ejemplo.

Quedó tan desacreditado en la antigüedad el sistema de las satrapías, que parecía no volvería a renacer en el mundo moderno en ningún país civilizado. Y así es en efecto en Europa, aun en la autocrática Rusia; pero en muchas Repúblicas de América, por una inconcebible aberración, cualquiera que sea el nombre de los jefes departamentales, son en realidad verdaderos sátrapas, al antiguo estilo persa, cuando concentran en sus manos el poder político, militar y a veces también el fiscal; pues aunque les falte la autoridad judicial y religiosa, tienen a su orden suficientes medios para obligar al juez y al cura a ponerse a su servicio, a discreción.

La gran diferencia que entre la época moderna y la antigua existe es que hoy el pueblo oprimido alimenta la esperanza de que le quepa en el mañana mejor suerte; y como la hace consistir, cuando no por convicción, por instinto, en la verdad de las instituciones republicanas que ve holladas, cuando un sátrapa se levanta, el Gobierno central encuentra en la opinión pública, que se despierta poderosa, el apoyo material y moral que necesita para ahogar la traición en su cuna.

19 de diciembre de 1890.

LA GRATITUD

El que rinde culto a esta virtud la considera como una pesada carga.

Parecerá que decimos una paradoja; pero nada tan lejos de serlo como nuestra afirmación.

El ingrato recibe un beneficio y lo olvida pronto, porque al recibirlo no siente sobre sus hombros peso alguno que se lo recuerde.

Casi siempre es fácil conocerle, porque nunca hace un favor sin interés y diariamente los solicita gratis; y sobre todo, por las exageradas protestas que hace a su benefactor cuando se le presenta como suplicante o se apoya en la mano protectora que él tiende, de recordarlo eternamente, de ser su esclavo, de consagrarle su existencia, hasta de llegar a dar su vida por él, si el caso llega.

Pero al ver satisfecha su necesidad, al considerarse fuera del peligro, o al creer que ya no necesita protección, comienza por investigar el móvil de la conducta de su protector; y a fuerza de desearlo así, concluye por hacerse creer, engañándose a sí mismo, que fue ruin y mezquino. O bien se empeña en demostrarse que su situación no era tan apurada como le pareció, que pudo salir de ella por su propio esfuerzo, sin auxilio ajeno; y concluye por convencerse, o aparentar que se convence, de que muy poco y al fin nada debe a quien tal vez hizo un gran sacrificio por favorecerle.

Por el contrario, el hombre agradecido siempre huye de recibir beneficios, y presta cuantos puede. Prefiere bastarse a sí mismo; y cuando la necesidad le obliga a aceptar ajena protección; cuando porque la pide o se le ofrece, a ella debe el salir de una apurada situación, pocas palabras salen de sus labios que su gratitud demuestren: quizá se verá solo rodar por sus mejillas una lágrima, y su lengua permanecerá muda.

Mas ese hombre, desde aquel momento se sentirá agobiado por el favor que ha recibido, y formará la resolución de librarse cuanto antes de aquel peso, correspondiéndolo con usura. ¡Ilusión! Servirá a su protector una vez y otra vez más. Llegará a convencer a este, a fuerza de numerosos sacrificios que se imponga para corresponderle, de que se han cambiado los papeles, y se ha convertido en deudor suyo. Llegará a decirle por un momento su conciencia que ya ha hecho todo aquello a que estaba o se creía obligado; pero poco después, desconocerá el mérito de sus propias obras, y exagerando el del beneficio recibido, se considerará tan obligado o más que antes, y le parecerá corta su vida para completar el pago de su deuda.

Quien así piensa, bien hace en huir de deber favores; y de él puede decirse con razón lo que afirmamos al principio: que considera la gratitud como una carga muy pesada.

19 de diciembre de 1890.

PERFECTO RIVERA

En la noche del 21 del presente murió el patriota Perfecto Rivera, después de 37 días de crueles sufrimientos. Su muerte fue originada en la conducta noble y valerosa que observó durante la pasada sublevación de Sánchez; y como nosotros no distinguimos entre el grande y el chico, el rico o el pobre, para hacer justicia cuando se les debe, haremos una reseña de la corta vida de Rivera, que contiene, sin embargo, una gran enseñanza para los hondureños, un gran ejemplo que mostrarles para imitarlo.

Nació Rivera en el pueblo de Maraita, de este departamento. Estaba aún en la infancia cuando perdió a su padre, don Macedonio Rivera. Su madre, doña Tiburcia Andrade, hoy una anciana, a la edad de nueve años lo entregó al General don Dionisio Gutiérrez, quien se encargó de su educación. Vivió a su lado hasta pocos años antes de su muerte.

Bajo la vigilancia del señor Gutiérrez se dedicó al oficio de zapatero, que aprendió con alguna perfección; y, lo más útil para él, adquirió ideas de honor, recibió la inspiración del patriotismo, y pudo lograr morir por la defensa de una causa santa, en vez de sufrir la muerte vergonzosa del traidor.

Apenas contaba Rivera 22 años cumplidos; pero había ya probado de varios modos que era un buen ciudadano, bien enterado de sus derechos, de que hizo buen uso, y de sus deberes, que supo cumplir.

Cuando en la noche del 8 de noviembre se hizo a los patriotas el llamamiento para rodear y defender al Presidente de la República, fue de los primeros que acudieron, y fue colocado en un puesto peligroso de avanzada. Allí hizo su bautismo de fuego, disparando contra el traidor cuando hizo su primera tentativa de ataque sobre la vecina villa. Fue de los que acompañaron al Presidente a Támara, y regresó en el ejército de vanguardia que se situó en las cercanías de esta capital. Tomó parte en el ataque sobre la posición de La Leona; y últimamente se encontraba con otros patriotas, a las órdenes de los entonces coroneles, hoy generales Dávila y Gutiérrez, en la casa del

Colegio de Señoritas, asediando al cuartel de San Francisco, cuando en la madrugada del 13 de noviembre hizo su salida el enemigo; y pasando por enfrente de la puerta principal de aquel edificio, dirigió sobre las fuerzas legitimistas un fuego mortífero, por lo certero, a distancia de menos de seis varas, que recibieron y contestaron jefes, oficiales y soldados, sin distinción, a pecho descubierto. Allí cayeron heridos seis hombres, entre ellos Rivera, que, sin grado alguno anteriormente, estaba funcionando como teniente.

Después de muchos días, durante los cuales se creyó que podría salvarse a Rivera la pierna herida, consideraron los cirujanos necesaria la amputación, y la practicaron. Muchos sufrimientos físicos le causó naturalmente la operación. También debe haber sufrido moralmente por quedar reducido a la condición de inválido; pero nunca se oyó de sus labios una queja, ni pesar por haber cumplido con su deber.

Por el contrario, varias veces dejó asomar rasgos del legítimo orgullo con que se presentaría a sus compañeros, mostrándoles la imperfección que debería a su valor y patriotismo.

Pero no era su destino que tantos sufrimientos tuviesen compensación y tan nobles propósitos se realizasen. Fue imposible salvarle la vida; mas dejó mucha honra a su familia por haber contado entre sus miembros a un patriota tan abnegado, y grandes deberes al Gobierno y a la sociedad, que llenar para con la anciana madre que con su trabajo se sostenía; deberes que no dudamos cumplirán gustosos, pues así se demostrará a los hondureños que pueden resolverse a dar la vida por la patria, dejando asegurada la subsistencia de las personas que aman.

Lo que ahora decimos de Rivera, habríamos querido decirlo de todos los que murieron por defender la legalidad, pues todos lo merecen, consignando sus nombres para que la historia tomase nota de ellos; pero la mayor parte de ellos nos son desconocidos. La prensa oficial, que tiene más medios de investigación, deberá publicar esos datos.

Vamos a concluir moralizando. La sangre de Perfecto Rivera, y tanta más generosamente derramada por los hondureños combatiendo la traición, exige del poder público igual nobleza de sentimientos, sacrificando amor propio e ilegítima ambición, para hacer efectivo en

Honduras el imperio de la ley, por el cual aquellas víctimas se sacrificaron, esperando un mejor porvenir para su patria. Pero, si tan justas esperanzas son defraudadas, caiga aquella sangre sobre los que así la desprecien, y sean malditos por sus contemporáneos y por la posteridad.

26 de diciembre de 1890.

HIPNOTISMO POLÍTICO

Mucho se discute entre los hombres de ciencia sobre el verdadero poder del hipnotismo, y especialmente sobre el que se atribuye al hipnotizador de infundir en el ánimo del hipnotizado ideas, sentimientos y propósitos diversos y aun contrarios a los que tenía, borrando de su memoria los anteriores, hasta el grado de que los creyentes en ese poder claman porque se introduzca en la legislación una reforma en el sentido de declarar irresponsables, por los actos que así ejecuten, a quienes se hallen bajo su influencia, por considerarlos como meros instrumentos, tan inocentes como el palo, el puñal o la piedra de que se vale un asesino para cometer su crimen.

Mas no es nuestro propósito terciar en esa discusión, para la cual carecemos de la ciencia y la experiencia que pudieran darnos luz. Nos proponemos llamar la atención de nuestros lectores sobre hechos que, de seguro, habrán observado tan bien como nosotros, y que pueden considerarse como una distinta faz de aquel fenómeno, o algo muy semejante. Nuestra observación se ha concretado a la política; y por eso hemos encabezado este artículo con el nombre de Hipnotismo político.

De estos hipnotizadores distinguimos dos clases: una, la de los cortesanos del poder; otra, la de los que lo ejercen. Hay una diferencia notable entre esta clase y la común de hipnotizadores, y es que el actor está siempre expuesto a convertirse, y casi siempre se convierte, en paciente.

El fluido magnético que emplean los cortesanos es la adulación. El arte de adular, o la ciencia, si se quiere, pues creemos ya puede elevarse a ese rango, no es tan fácil de aprender como a primera vista parece. Necesítase, para poseerlo con cierta perfección, ya que nadie puede jactarse de llegar a tenerla completa, haber estado en las antesalas de palacio durante largos períodos; haber estudiado los gustos e inclinaciones, con frecuencia contrarias, de varios gobernantes; haber adquirido, por una constante observación, la pericia necesaria para distinguir en el gesto, en la mirada, en la arruga del entrecejo, en un movimiento de cabeza, de la mano o del pie, reconvenciones, órdenes o señales de cólera, de impaciencia o de satisfacción, a pesar de que tales movimientos parecerán naturales y sin sentido alguno a los profanos; y haber adquirido, en consecuencia, ese exquisito tacto que les permite siempre acertar en la elección de las palabras que han de emplearse para que suenen siempre como música armoniosa al oído del gobernante, y le adormecen hasta el grado de llegar a creer que todo cuanto oye es cierto. Solo sale de su sopor cuando la naturaleza le impone sus leyes; y como Alejandro el Grande, a quien los oráculos, órganos de sus cortesanos, habían hecho creer en su divinidad, al sentir el dolor físico o la fría realidad que destruye sus ensueños, exclama: "Me han engañado: no soy Dios, porque si lo fuera no sufriría".

El gobernante que tiene la desgracia de hallarse rodeado por tan sabios cortesanos tiene siempre ante sus ojos un prisma que le hace ver los objetos, los hombres y los sucesos del color que ellos quieren, y jamás su vista traspasa los límites que ellos le han trazado; pues aunque a veces le parece que se dilata por lejanos horizontes, es porque no se apercibe de que está condenado a mirar solo por el lente que le ofrecen y le produce la ilusión de ver muy lejos, aunque no salga del círculo estrecho en que se le ha encerrado.

Muchas veces hemos oído decir o visto escrito que un gobernante, tratando en privado sobre asuntos públicos, ha desarrollado muy sanas doctrinas, se ha mostrado animado de muy patrióticos sentimientos, y ha comunicado bien combinados planes de mejora en el estado material y moral de la sociedad, en la administración pública, etc., etc.; y si se ha cometido una injusticia, la reconoce francamente y promete repararla. Sin embargo, el mismo día tal vez, o al siguiente, se ven publicadas en la prensa oficial doctrinas corruptoras, o se empieza a preparar atentados libeticidas que implican la ruina de las instituciones y el retroceso en el estado social que se quería mejorar, o se encuentra sancionada la injusticia que se trataba de reparar. Al principio, cuando apenas salidos de la adolescencia carecíamos del pequeño caudal que una constante observación nos ha permitido acumular, nos perdíamos en mil conjeturas para explicarnos tales contradicciones, e inculpábamos al hombre que así procedía, llenos de exaltación y hasta de cólera; pero desde que hicimos el descubrimiento que hoy publicamos, y hace ya de ello muchos años, recibimos semejantes noticias con la mayor calma, y nos concretamos a decir: "Ese gobernante está hipnotizado", pues solo así podemos comprender que desconozca hasta sus propios personales intereses.

No siempre, como ya indicamos, el gobernante es el paciente. A su vez ejerce constantemente, o trata de ejercer, su gran poder hipnotizador sobre todas las personas que a él se acercan. El fluido magnético de que se sirve es casi siempre irresistible, aun para muchos hombres que han sacado ilesa su dignidad en pruebas muy duras; que, tratándose de cortesanos, nada hay que decir, pues, cerca o lejos del palacio, siempre se encuentran bajo su influencia. Y es porque afecta directamente las pasiones que más dominan al hombre.

Por eso no siempre el operador, para dominar al paciente, emplea el mismo sistema. Varía según la diversidad de intereses e inclinaciones de cada uno. Si se trata de un ambicioso, le ofrece apoyar su candidatura para la Presidencia en un próximo período, o darle un Ministerio u otro empleo público en relación con su categoría. Si se trata de un codicioso, o de un hombre pobre y con familia, o de un hombre cargado de deudas, hace que la Hacienda Pública, so pretexto de remunerar servicios prestados a su patria, llene sus necesidades pagándole sumas de dinero que varían de centenares a miles de pesos, o acordándole pensiones temporales o vitalicias. Si se trata de un vanidoso, le halaga con grados militares, ascensos u otros honores. Si de un cobarde, con amenazas; si de un valiente, con la lisonja. Y si se trata de un hombre honrado y patriota, con promesas deslumbradoras de consagrarse al bien del país, de hacer grandes y provechosas reformas en los diversos ramos de la administración, y con protestas del más acendrado amor al pueblo y respeto a sus instituciones.

Y así, cuando en el cerebro del gobernante germina un proyecto, por más absurdo que sea, por más que envuelva un atentado contra las instituciones republicanas o implique la ruina del porvenir de la patria, los hombres así halagados en su pasión dominante o engañados en sus generosos sentimientos caen adormecidos y dominados por el hipnotizador, porque se acalla la voz de su conciencia o se ofusca su razón. Únicamente así comprendemos el hecho que muchas veces hemos observado. Hemos discutido sobre un asunto de interés público, sobre un proyecto pernicioso al país, con empleados u hombres de valer, cuya firma o asentimiento es necesario para que se lleve a cabo, y nos hemos puesto de acuerdo en que no debe realizarse, siendo tal vez nuestros interlocutores quienes más exaltados se muestran en favor de nuestra común opinión; y sin embargo, el mismo día o al siguiente vemos consumado, con la firma o asentimiento de ellos, el proyecto que de acuerdo reprobamos. En otro tiempo tales inconsecuencias nos hacían también arder en cólera; pero hoy sentimos solo lástima, desprecio o profundo pesar, porque hemos dado en creer en el poder del hipnotismo aplicado a la política.

Se habla mucho de que se empieza a predicar una cruzada contra el hipnotismo ejercido por hombres de ciencia; pero nosotros creemos que es más pernicioso en la política. Por eso hemos fundado nuestra hoja, entre otros fines, con el de predicar la guerra santa contra ese misterioso poder que tan maléfica influencia ejerce en los destinos de nuestra patria; y queremos merecer la gloria de ser el portaestandarte, por más que sea el puesto de mayor peligro.

Nuestras observaciones, lo confesamos, han sido hechas en su mayor parte en Honduras; pero no dudamos que algo semejante, en mayor o menor escala, pase en otras naciones. Suplicamos por ello a nuestros colegas, especialmente de Centroamérica, nos den algunas noticias.

2 de enero de 1891.

LA NUEVA REPRESENTACIÓN NACIONAL

"La República", en su número 344, publica la lista de los nuevos diputados que tomarán asiento en el próximo Congreso. Entre ellos figura don Mónico Córdova por el departamento de El Paraíso. Con esto el Gobierno ha hecho suya la responsabilidad del gobernador del departamento; y eso esperábamos para hacer las apreciaciones que habíamos aplazado.

Referiremos los hechos, y contamos con que, si no son ciertos, sean desmentidos, para presentar las pruebas que tenemos.

ANTECEDENTES

El domingo nueve de noviembre, al llegar a Támara, nuestro Redactor se acordó de que a aquella hora debería haberse reunido la Junta de Agentes en esta capital, para declarar la elección del diputado, en la cual la oposición había obtenido una mayoría lujosa por su candidato el Licenciado Gutiérrez; e hizo notar el contraste al señor Presidente, pues esa misma oposición, inclusive su candidato, era la que en aquel momento le rodeaba. El Presidente dijo que, aunque creía que no era muy legal la reunión de la Junta cuando Sánchez fuese vencido, habían cambiado por completo las circunstancias y se interesaría por que la elección fuese declarada válida por el Congreso. Nuestro Redactor no aceptó esa opinión, porque cree que no reuniéndose la Junta el día señalado, debe reunirse en otro, ya que la ley no lo prohíbe.

Al llegar a esta ciudad supo que tampoco en Yuscarán se había reunido la Junta, y al hacerlo conocer al Presidente, indicándole a la vez sus temores de un fraude (el mismo que al fin se cometió), por conocer bien al gobernador, él le contestó, más o menos, lo mismo que antes, y le dio la seguridad que era de esperarse de que habría estricta legalidad.

Una conversación semejante tuvo con el que entonces era Ministro General. Después se presentó en el Ministerio de Gobernación a informarse sobre si ya se había dado orden de reunir la Junta en Yuscarán, y se le informó que no se había hecho aún porque no se sabía si se había o no reunido el día señalado por la ley; pero que al saberlo se haría lo que se había hecho ya con los gobernadores de La Paz y de otros departamentos que estaban en igual caso. Dos días después fue informado en la misma oficina de que se había dado la orden a Yuscarán de reunir la Junta tan pronto como fuese posible; a diferencia de los otros departamentos, para los cuales se señaló el domingo posterior al inmediato. Nuestro Redactor en el acto hizo observar que, con la orden en esa forma, tácitamente se autorizaba al gobernador para hacer fraude, pues convocaría a los agentes en el día y hora que estuviese seguro de que no podían concurrir los de los pueblos donde la oposición había triunfado, y que si se quería evitar tal abuso, debía dársele una orden igual a las otras y prohibírsele terminantemente cometerlo.

Pasó el domingo inmediato y el siguiente sin que la Junta se reuniese por falta de convocatoria, a pesar de que al agente de Danlí, que representaba la tercera parte de la base de votación de todo el departamento, varias veces le manifestó que tenía que ausentarse y deseaba convocase la Junta. Al fin, el domingo 14 de diciembre en la tarde hizo la convocatoria para la misma tarde, y reunió diez agentes, e instaló con ellos la Junta, a pesar de que no eran las dos terceras partes prevenidas por la ley, por ser dieciséis los pueblos del departamento. Dejó de citar a los agentes de varios pueblos donde había triunfado la oposición, y se negó a comunicar sus nombres, para que pudieran haber sido llamados por los interesados. Solamente el agente de Teupasenti, donde la votación fue 158 por don Policarpo Bonilla, contra 22 por don Mónico Córdova, pudo ser llevado a la Junta hasta el día siguiente, siendo de notar que no recibió citación, no obstante de ser bien conocido por ser secretario municipal de la cabecera.

Practicado el escrutinio por la Junta, fraudulentamente convocada e ilegalmente instalada, resultó, como ya dimos cuenta en otro número, una mayoría de 78 votos en favor del candidato del Gobierno, en vez de la diferencia contraria de más de 200 votos que en realidad había.

Queríamos publicar el cuadro de la elección; pero el secretario del directorio, don Casto J. Quiñónez, que retiene en su poder los documentos de la elección, indebidamente, porque deben archivarse en la Secretaría Municipal, se negó a permitir sacar una copia.

APRECIACIONES

Bien conocido es en todas partes cuán desigual es la lucha entre la oposición y el Gobierno, sobre todo en países no acostumbrados a las prácticas republicanas, como el nuestro. Sin embargo, según dimos cuenta a nuestros lectores, el éxito del partido liberal en la pasada lucha sobre elección de diputados excedió a sus esperanzas, no precisamente por haber sacado triunfantes sus candidatos en donde la entabló, sino porque logró, donde no triunfó, una votación muy próxima a la mayoría. Si nos equivocamos, que la prensa oficial publique los cuadros de la elección.

Verdadero cinismo se necesita para que haya quien se atreva a jactarse de que solo un diputado ganó la oposición, en presencia del atentado de Yuscarán y de otros parecidos en Choluteca y Juticalpa. Hemos confesado y repetimos que el Presidente de la República dejó en libertad las elecciones, y que de esa libertad se hizo buen uso, obteniendo la oposición el triunfo en las poblaciones donde, por la mayor instrucción, los ciudadanos comprendían mejor sus derechos y tenían mayor energía para resistir a la presión que en muchas partes se ejerció y en otras se trató de ejercer por las autoridades departamentales o locales; y hemos dicho que, por suponer cambiada la disposición de ánimo del Gobierno, no queríamos ocuparnos de tales abusos. Conservamos acopio de datos, que solo usaremos como arma defensiva.

Y debemos agregar que en el terreno de la decencia la oposición llevó también la ventaja al practicarse las elecciones y la ha llevado mucho más en su conducta posterior. Muy a nuestro pesar haremos las reflexiones que de esto se desprenden, y que hemos venido aplazando por honra nacional, en la esperanza de ver reparada la injusticia y castigado el atentado cometido en Yuscarán que estamos denunciando. Caigan sobre quien la culpa tiene, y no sobre nosotros, las consecuencias.

Muchas veces hemos repetido que al cumplir el partido liberal con su deber, defendiendo el poder legítimo, no esperaba ni quería ninguno de sus miembros recompensa alguna personal. Pero sí esperaba y quería, y tenía derecho a esperar y querer, mucho bien para el país, introduciéndose las reformas en la administración que el mismo Presidente de la República reconoció ser necesarias, y todas las que la opinión pública reclama.

Sí tenía derecho, y lo tiene aún, a esperar que ni abierta ni embozadamente se coarte su libertad; y no debía imaginarse que el mismo poder que eficazmente contribuyó a recuperar se volviese contra él para arrebatarle, prevaliéndose de la anormalidad de la situación creada por la traición que combatió, la representación en el Congreso a uno de sus miembros, que alguna participación tomó, por poco que se la quiera hacer valer, en la acción común del partido; ni que la Constitución y leyes por cuyo imperio se resolvió a sacrificarse en masa y sacrificó la vida de alguno de sus hijos se viesen de tal manera holladas.

El atentado de El Paraíso mina por su base las instituciones, pues resulta ridícula y un verdadero sarcasmo la libertad del sufragio, si ha de quedar en manos del Gobierno hacer que resulte electo el candidato de su gusto con solo autorizar o tolerar abusos semejantes. Muchos habrá a quienes esto bastaría para desalentarse y perder la fe en el triunfo de la causa de la legalidad, a cuyo servicio nos hemos consagrado. Muchos quizá dirían: "No hay más medio para combatir el despotismo que la fuerza". Pero nosotros somos firmes en nuestras creencias y tenaces en nuestros empeños. Lucharemos aunque sea contra la corriente. En vez de hacer cundir el desaliento, damos la voz de alerta y decimos: "Aprovechemos la lección. No contemos nunca con la lealtad del adversario. Por el contrario, debemos pensar que habrá de recurrir a todo medio, por inicuo que sea, y tomemos precauciones para burlar sus propósitos. Luchemos hasta caer vencidos por la fuerza bruta, y no nos detengan sus amenazas ni sus falsas promesas. Si a pesar de nuestra constancia sucumbimos y se nos priva de los medios de acción, entonces crucémonos de brazos, si otra cosa no podemos, y firmes en nuestro puesto, esperemos que se cumpla el destino de nuestra patria"; y diremos esto, porque estamos convencidos de que "la libertad no se pide: se conquista"; y hemos comenzado a conquistarla, hasta a mano armada.

Y repetimos al pueblo hondureño sustancialmente lo que dijimos al Presidente de la República cuando llamó de nuevo a algunos de sus viejos ministros, pensando en algunos de ellos: "Ninguna de las reformas prometidas debe esperarse: se perderá el fruto del esfuerzo patriótico que acaba de hacer este noble pueblo, porque ellos no querrán que cambie la política de que son principales responsables, y menos que se deba a ese esfuerzo en que ninguna parte han tomado. No debe esperarse que entremos en la vida del derecho y se consoliden las públicas libertades, porque son los mismos que han ordenado, sancionado o tolerado los atentados contra el derecho cometidos; ni que se introduzca la moralidad política en el Gobierno, cuando ellos mismos reniegan de su credo y de su historia".

No cabe duda. Cuando de uno o varios miembros del cuerpo se apodera la gangrena, hay que separarlos, so pena de dejar que se apodere del cuerpo entero, y que al llegar al corazón o a la cabeza cause la muerte.

Sabemos que en las altas regiones, como se dice en lenguaje cortesano, se nos censura porque insistimos demasiado, en su concepto, en poner de manifiesto la actitud que asumió el partido liberal durante la rebelión; sabemos que se ha llegado hasta a decir que con esa insistencia hemos borrado todo el mérito que haya podido tener la conducta del partido. Bien nos explicamos que eso se diga; porque naturalmente más les convenía que nuestro silencio se hubiese hecho cómplice del suyo. Así habrían podido comenzar por alterar la verdad de los sucesos: negarían después nuestra participación en la defensa del orden, y concluirían por atribuirse ellos solos el mérito, llegando tal vez hasta acusarnos más tarde de cómplices de la traición. Nada de eso podrán hacer ya, porque si en la relación de los sucesos o en nuestras apreciaciones nos hubiésemos separado de la verdad, o siquiera exagerándola, la prensa oficial, a la que hemos desafiado a hacerlo, nos hubiera desmentido. Ahora hemos logrado exhibir nuestra conducta anterior y posterior al suceso, y la suya, ante la opinión pública, que es el único legítimo juez, y esperamos que falle si del lado del Gobierno o del de la oposición se encuentra la justicia. Ella decidirá a qué lado se hallan la intransigencia, la mezquindad y el ruin egoísmo, y a cuál el desinterés, la abnegación y el patriotismo.

2 de enero de 1891.

FOTOGRAFÍAS

Policarpo Bonilla en la Revista Juventud Hondureña de 1894.

Policarpo Bonilla (extremo a la derecha), acompañado de Ignacio Marsical (centro), secretario de Relaciones de México. Fotografía de 1908.

Policarpo Bonilla y el temido "Tamagás de Coray": Terencio Sierra.

Casa de Policarpo Bonilla en Valle de Ángeles.

CONTENIDO